申告書で確認する
税務調査対策

再編税制のテッパン

TEPPAN 30

村木慎吾
岡野　訓
白井一馬【著】
内藤忠大
濱田康宏

中央経済社

はじめに

　税務調査対策シリーズの1冊として「再編税制の鉄則」が発刊されたのは2014年である。本書は10年を経過しての改訂となるが，率直に言えば，少々間隔が空きすぎた感がある。

　なぜなら，この10年で，①組織再編税制は，スピンオフ税制，全部取得条項付種類株式などによる100％子会社化の組織再編税制への組み込み，分割型分割の適格要件の見直しなどの様々な改正が行われてきたことに加え，②合併による繰越欠損金の引継ぎを認めない法人税法132条の2を適用した否認事例が多発しているからである。

　本来は，タイムリーに読者の要望に応えた改訂をすることが理想であったが，執筆メンバーの時間確保が難しく，ここまで改訂をお待たせしたことはお詫びすべきだと感じている。

　ただ，その期間も，実務経験，税務調査の対応経験，各種論点の深掘検討などを繰り返し，パワーを蓄積した期間と理解いただければ幸いである。

　一方で，"実務目線で書かれた基本書"として，本書の内容には自信を持っている。法人の決算・申告・調査に携わる人間であれば必ず確認すべき基本的項目を取り扱い，マニアックな論点に踏み込み過ぎないよう配慮している。

　なお，本書をまとめていても感じたが，創設から約23年が経過した組

織再編税制は，社会の変化が激しいことから，すでに耐用年数に達しており，今の規定につけ焼き刃のような改正を繰り返すのも限界が近いように思う。そう考えると，近い将来には，組織再編税制の全面的な見直しをせざるを得ないと感じているので，そのタイミングでは，なるべくタイムリーに改訂できればと考えている。

　最後に，本書籍の改訂では，中央経済社の奥田氏に大変にお世話になった。奥田氏は，「法人税の純資産」の発刊当時からずっとお世話になっている，信頼できる編集者であり，一緒に仕事をできることをメンバー一同喜んでいる。諸事情でスケジュールが変更になることも多々あり，奥田氏の忍耐には心から感謝している。願わくば，今後も一緒に仕事ができますように。

　令和6年11月

著者を代表して
村木　慎吾

目 次

1	組織再編成の種類 ·································	2
2	組織再編成の基本的な課税関係(1)〜非適格 ········	12
3	組織再編成の基本的な課税関係(2)〜適格 ··········	18
4	組織再編成の基本的な課税関係(3)〜株主 ··········	24
5	完全支配関係における適格要件 ·····················	30
6	支配関係における適格要件(1) ·······················	36
7	支配関係における適格要件(2) ·······················	40
8	共同事業要件(1) ··	48
9	共同事業要件(2) ··	52
10	無対価組織再編成の適格要件(1) ····················	58
11	無対価組織再編成の適格要件(2) ····················	64
12	被合併法人の繰越欠損金 ······························	70
13	合併法人の繰越欠損金 ································	78
14	合併法人の特定資産譲渡等損失 ·····················	84
15	被合併法人の特定資産譲渡等損失 ··················	90
16	みなし共同事業要件 ···································	96

17	欠損等法人(1)	102
18	欠損等法人(2)	108
19	減価償却資産	114
20	引当金	120
21	受取配当等の益金不算入	126
22	デリバティブ取引	132
23	所得税額・外国税額控除	136
24	措置法の税額控除	144
25	抱合株式(1)〜概要	150
26	抱合株式(2)〜処理例	156
27	資産・負債調整勘定(1)	160
28	資産・負債調整勘定(2)	164
29	被合併法人の最終事業年度の処理と申告・納付	172
30	租税回避防止規定	178

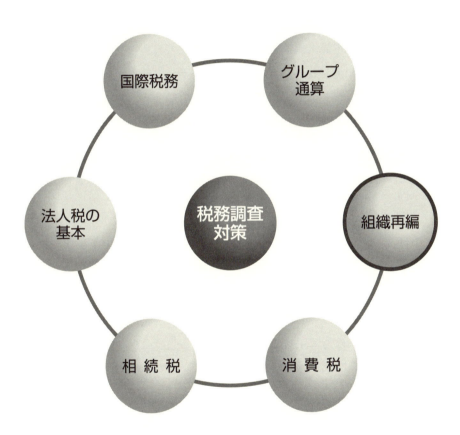

1 組織再編成の種類

1 制度のあらまし

　企業の組織再編手法としての合併，会社分割，株式交換，株式移転，株式交付制度を組織再編成といいます。税法では，法人税法において事業譲渡，現物出資，株式分配や100％親会社への現物配当も組織再編税制として分類されています。なお，株式交付制度は，組織再編税制ではなく租税特別措置法における優遇との位置付けです。

2 解説とチェックポイント

2―1 税法上の組織再編成の種類
(1) 合　併

　会社同士が契約によって1つの会社になることをいいます。新たに新会社を設立し，会社の権利義務を包括的に新設会社に承継させる新設合併（会2二十八）もありますが，実務で多く行われる合併は，既設の一方の会社が存続会社として他の一方の会社の権利義務を包括的に承継し，他の一方の会社は清算手続を経ずに解散する吸収合併（会2二十七）で

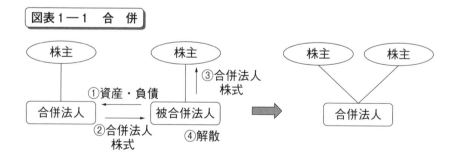

図表1―1　合　併

す。合併は中小企業でもよく実行されている組織再編成です。不要なグループ会社の整理を行う中で子法人の青色欠損金を引き継ぐ合併がよく実行されています。

（2）分　割

会社が，事業（事業に関する権利義務）を分割して，他の会社に承継させる再編成です。会社分割は，分割した事業を受け入れる会社が，既存の会社であるのか，新設会社であるのかにより，「吸収分割」（会2二十九）と「新設分割」（会2三十）に分けられます。さらに，会社分割は，税法上，分社型分割と分割型分割とに区分されます。分社型分割は，移転元法人が，移転した事業の対価として株式の交付を受けます。典型的には事業部門を新たな100％子法人として分離する場合の会社分割手法です。経済効果としては現物出資と同じです。分割型分割は，移転元法

図表1－2　分　割

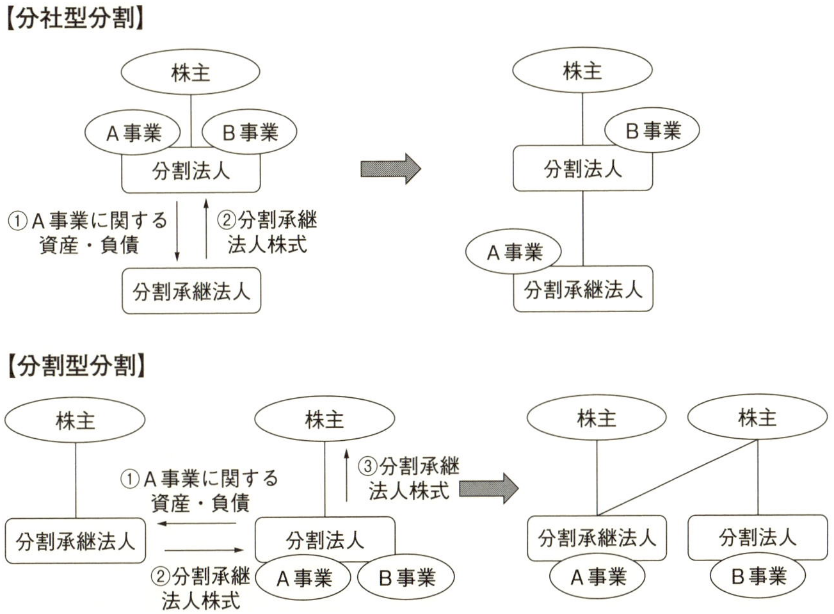

【分社型分割】

【分割型分割】

人の株主が，移転した事業の対価として，移転先法人から株式の交付を受けます。典型的には，子法人から別の子法人に事業を移転させる会社分割手法です。具体的には，移転元法人は事業を移転する対価として受け取った株式を，株主に現物配当します（会758八）。

　分社型分割はタテの事業の移転，分割型分割はヨコの事業の移転と考えるとイメージしやすいでしょう。

（3）現物出資

　現物出資とは，株式会社の設立や，新株の発行にあたり，金銭以外の財産を出資することをいいます（会199①三・207）。

　現物出資は個人株主でも行うことができますが，法人税法上の組織再編に該当するのは法人株主による現物出資です。

図表１－３　現物出資

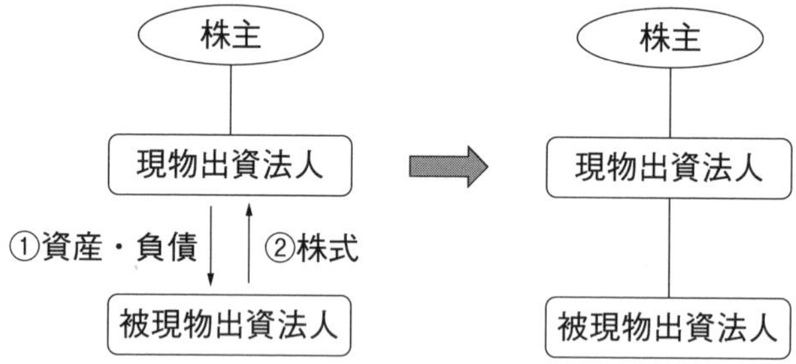

```
        株主                          株主
         │                            │
    現物出資法人         ⇒       現物出資法人
    ①資産・負債 ↑↓ ②株式              │
    被現物出資法人                被現物出資法人
```

（4）株式交換

　株式交換とは，完全子法人となる法人の株主が保有する全株式を，完全親法人となる法人の株式と交換する手法です（会2三十一）。典型的には，ある法人が，別の法人の株式をすべて取得し，買収代金として現金の代わりに自社株を発行して100％親子関係を実現します。

　また，少数株主を排除するスクイーズアウトは，株式交換と同様の効果を持つことから，手法の使い分けによる課税関係の選択を許さないようにするため，平成29年度税制改正によって，組織再編税制に取り込む

改正が行われています。

図表1－4　株式交換

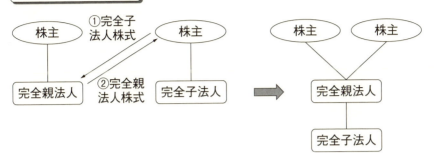

(5) 株式移転

　株式移転とは、完全子法人となる法人の株主が保有する全株式を、新たに設立する完全親法人となる法人へ現物出資する手法です（会2三十二）。実務では、法人同士が経営統合のために、100％親法人を新たに設立するために株式移転がよく利用されています。

図表1－5　株式移転

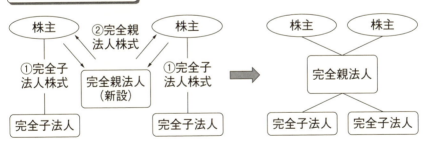

(6) 現物分配

　金銭以外の財産で行う配当が現物配当です。会社法施行に伴い、明文化されました（会454①④）。法人税法では、会社法における現物配当だけでなく、みなし配当事由に基づく金銭以外の財産の分配を加えたものを現物分配と称しています（法法2十二の五の二）。

図表1—6 現物分配

(7) 株式分配

　現物分配のうち，現物分配をする法人が保有する100％子法人株式の全部を移転させるものを，株式分配といいます（法法2十二の十五の二）。

　ただし，現物分配をする法人と分配を受ける株主が完全支配関係がある者のみである場合は，除かれます。

　株主に対して，会社の事業や子会社を切り離す行為を「スピンオフ」といいますが，株式分配は子会社をスピンオフする場合に使われる手法です。

図表1—7 株式分配

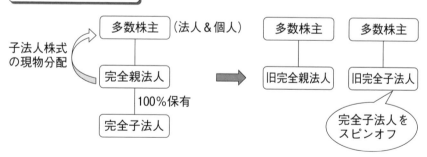

(8) 事業譲渡

　事業譲渡は，合併とともに中小企業で最もよく利用されている組織再編成手法です（会467・468）。資産・負債の移転は時価譲渡となるため譲渡損益が認識されます。適格組織再編による簿価移転の類型はありません。

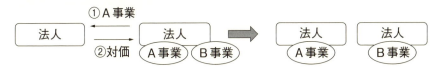

（9）株式交付

　株式会社が他の株式会社を子会社にするために，子会社となる株式会社の株式を譲り受け，株主にその対価として株式を交付する組織再編（会２三十二の二）です。M&Aにおいて他社を子会社化するための再編手法として利用されます。

　株式交換と似ていますが，相手先の会社を完全子会社とする必要はなく，50％超の子会社とすることが認められます。

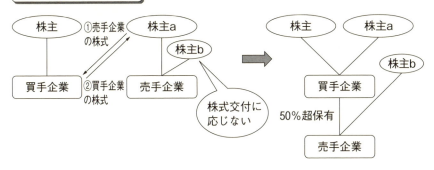

２－２　組織再編成の課税関係

　合併と分割型分割は，法制上は異なる再編成ですが，同様の経済効果があります。また，現物出資と分社型分割も同様の経済効果があります。同一の経済行為には同一の課税を行うのが税法の原則です。組織再編成によって他の法人に移転した資産と負債の課税関係と，移転元法人の株主の課税関係を理解することがポイントです。

株式交換は，子法人となる法人が発行済株式の全部を他の法人に取得させる行為であり，合併などのように法人の事業や資産を直接的に取得させる行為でないことから組織再編税制に含めて整理することができるのか否かについて議論のあるところでした。

　しかしながら，株式交換や株式移転には，株式取得を通じて子法人の事業や資産を間接的に取得する効果があり，一方で，合併は法人の事業や資産を直接的に取得する行為であるため，両者には共通性があるといえます。

　このように，それぞれの組織再編成の法的な仕組みが異なるとしても，その取引行為の効果が実質的に同様と認められるものに対して異なる課税を行うことは，組織再編成の手法の選択に歪みをもたらしかねないなどの問題が生じます。また，株式交換等と合併との類似性に加え，株式交換によって出来上がる形態が子法人を吸収合併した後に現物出資したのと同じ形態（完全親子関係）となることも考え合わせると，株式交換等に対する課税は，課税の中立性等の観点から，合併等に係る税制と整合性を持ったものとするのが適当であるとの趣旨で，組織再編税制に含

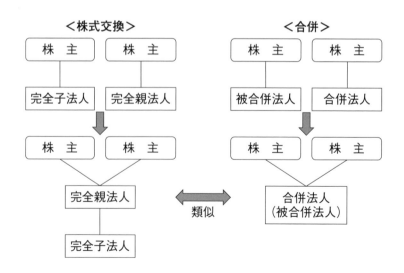

められ，適格・非適格の区別が導入されています。

また，平成29年度税制改正でスクイーズアウトが株式交換等として，令和３年度税制改正では株式交付が組織再編税制の適用対象となっています。

> **チェックポイント！**
>
> ■ 株式交換・移転および，スクイーズアウトや株式交付（以下「株式交換等」）の場合にも，他の組織再編成と同様の適格要件が準備されていることを理解していますか。
> ⇒ 株式交換等について，非適格の場合には完全子法人の一定の資産が時価評価されたり，株主に譲渡益課税がされたりします。ただし，株式交換・移転の対価が完全親法人株式のみの場合には，非適格であっても完全子法人の株主には譲渡損益課税は生じません。

> **チェックポイント！**
>
> ■ 必要な法務手続を事前に計画していますか。
> ⇒ たとえば合併の場合は，合併契約書の作成，株主総会における特別決議，公告による開示，債権者保護手続，登記手続が必要です。さらに株券発行の有無によっては株券の提供手続が必要になることもあります。合併であれば２ヵ月程度は必要です。

2－3　組織再編成の税務調査

最近の調査動向として報道などで話題となっている論点だけでなく，単純ミスや処理の失念が大きな失敗につながりかねないのが組織再編税制です。減価償却計算や引当金の取扱いなど，技術的な規定も煩雑であるため，実務においては取りこぼしのない確認作業が必要です。

> チェックポイント！

- ■ 一連の課税関係を確認してから，組織再編成を実行していますか。
  - ⇒ 適格再編成に該当するか，青色欠損金の承継と利用が可能か等を事前に判定しておく必要があります。とりあえず実行してから事後処理として課税関係を検討することは大きな失敗につながります。その意味で組織再編成は，税制主導といっても過言ではありません。
- ■ 法人税以外の課税関係の検討をしましたか。
  - ⇒ 不動産取得税や登録免許税が組織再編成のネックになることもあります。合併・会社分割の場合には不動産取得税の非課税措置（地法73の7二）があります。特に会社分割の場合には，非課税措置を受けられる要件が存在するため注意が必要です（地令37の14）。消費税や個人株主課税についても検討が必要です。また，事業譲渡については消費税の課税関係に関し，課税資産の譲渡と非課税資産の譲渡の区別が必要になります。なお，合併や会社分割など他の組織再編成では資産の移動は課税対象外です。

Column 1　ヤフー事件

　ヤフー事件（最高裁平成28年2月29日判決）は，初めて法人税法132条の2（組織再編成に係る行為又は計算の否認）の適用に関する判断が行われた事件として有名です。

　この事件は，支配関係が生じてから5年未満という短い期間の適格合併であっても，合併法人への被合併法人の繰越欠損金の引き継ぎを認めている「みなし共同事業要件」のうち，「特定役員引継要件」を満たすために，ヤフーが以下のような行為を行ったことが争点でした。

① 　平成20年12月26日…ヤフーの代表取締役（特定役員）である丙氏が，IDCFの取締役副社長（特定役員）に就任
② 　平成21年2月23日…ヤフーがIDCF株式の全株式を450億円で買収
③ 　平成21年3月30日…ヤフーを合併法人，IDCFを被合併法人とする吸収合併

　このように，買収前に特定役員を送り込むことにより，形式的には個別規定の要件を満たしてしまいました。そうなると，法人税法132条の2で否認するしかないのですが，そこで，どのような条件があればこの規定が発動できるのかが争点になりました。

　結論を簡潔にまとめれば，組織再編成自体にビジネスリーズン（パーパス）があったとしても，その行為の結果，税負担が減少し，当該税負担の減少効果が組織再編税制や個別規定の趣旨目的に反しているときは，「法人税の負担を不当に減少させる結果となると認められるもの」に該当するという判断がされています。

　この判断基準は，この判決後の132条の2の適用を巡るその他の裁判でも利用されています。

（村木慎吾）

2 組織再編成の基本的な課税関係(1)～非適格

1 制度のあらまし

　法人が資産を他の法人に譲渡した場合，時価譲渡により譲渡損益を計上するのが法人税法の原則です。組織再編成の場合も同様であり，移転する資産・負債は時価譲渡として譲渡損益を計上します。適格要件を満たす場合は帳簿価額による譲渡が認められますが，あくまで特例としての扱いであり，まずは非適格組織再編成を組織再編税制の基本として理解する必要があります。

　なお，以下では断りのない限り，合併（法法2十一，十二）を念頭において説明します。

2 解説とチェックポイント

2-1 資産・負債の移転

　合併や会社分割は組織法上の行為ですが，法人税法では資産の移転を譲渡と考え，譲渡損益を認識することを原則としています。非適格合併の場合は，被合併法人が資産・負債を時価で合併法人に譲渡し（法法62①），受け取った被合併法人株式などの合併対価を被合併法人の株主に配当し，解散したものと考えます。

> チェックポイント！
>
> ■ 被合併法人は最後事業年度において移転資産・負債の譲渡損益を計上していますか。
> ⇒ 被合併法人は合併の日の前日で事業年度が終了し（法法14①二），

譲渡損益を最後事業年度に取り込みます（法法62②）。
- ■ 最終事業年度特有の計算があることを検討していますか。
  - ⇒ 非適格合併を行う場合には，最終事業年度で貸倒引当金の繰入限度額は発生しません（法法52①，②）。また，一部の準備金を除く措置法上の準備金や一括償却資産も，最終事業年度で残額の益金・損金算入が必要です。
- ■ 含み損の利用目的で，現金交付の組織再編成を実行していませんか。
  - ⇒ 節税目的で，あえて適格外しの組織再編成を実行すると，包括否認規定（法法132の2）が発動されるリスクがあります。
- ■ 100％グループ内の非適格組織再編成において譲渡損益を計上していませんか。
  - ⇒ 譲渡損益調整資産の移転については，グループ法人税制によって譲渡損益が繰り延べられます（法法61の11①）。

2－2　税法上の「のれん」

　たとえば，合併においては，合併法人が受け入れた時価純資産額よりも交付した合併対価額（買収価額）の方が高額であることも考えられます。法人税法では，交付した合併対価額のうち，移転を受けた時価純資産額を超える部分については，資産調整勘定として税法上の「のれん」を計上します（法法62の8①）。逆に，被合併法人の時価純資産額よりも合併対価額の方が低い場合は，「負ののれん」として負債調整勘定を計上します（法法62の8②③）。

　資産調整勘定と負債調整勘定は5年の均等償却を行います。損金経理要件等はなく，任意に償却金額を調整することはできません（法法62の8④〜⑧）。

　また，被合併法人から退職給与債務の引受けをした場合には，その債務引受額を負債調整勘定とは区別し，退職給与負債調整勘定として計上することが必要です。（法法62の8②一）。

　合併以外の組織再編成においては，事業およびその事業に係る資産・負債のおおむね全部が移転する場合に限り，時価純資産と再編対価の差

| 図表2－1　税法上の「のれん」|

＜時価純資産額500（うち退職給付引当金400）に対し，合併法人株式800を交付した場合＞

資産調整勘定と負債調整勘定のイメージ

資産	1,000	負債	100
		退職給与負債調整勘定	400
資産調整勘定	300	合併対価	800

額について，資産調整勘定や差額負債調整勘定を計上します（法令123の10①）。

> チェックポイント！

- ■　借方の差額はすべて資産調整勘定になると考えていませんか。
  - ⇒　寄附金あるいは欠損金相当額からなる部分であるとされれば，資産調整勘定とはならないため，内容の精査が必要です。なお，組織再編税制が創設される以前は借方差額を営業権とみる実務がありましたが，独立した資産として取引される慣習のある営業権（法令123の10③）以外，本規定では営業権として扱わないこととされました（法法62の8①）。
- ■　合併法人は，承継する従業者にかかる退職給与債務の負担を引き受けていますか。
  - ⇒　明細書（別表十六（十一））の添付を要件に退職給与負債調整勘定の計上が可能です。
- ■　退職給与負債調整勘定を計上する場合，退職給付引当金は適正に算定されていますか。
  - ⇒　一般に公正妥当と認められる会計処理基準に従って計上されている必要があります（法令123の10⑦）。
- ■　退職給与負債調整勘定の対象となった従業者が退職した場合，退職給与負債調整勘定を取り崩していますか。

⇒ 合併法人は退職給与負債調整勘定を取り崩して益金に算入する必要があります。取り崩す金額は，次の算式で計算しますが，明細書の保存を要件に従業者の個別の退職給与引当で計算することもできます（法法62の8⑥一，法令123の10⑩⑫）。

$$\text{退職給与負債調整勘定} \times \frac{\text{分母のうち退職給与の支給対象従業者の数}}{\text{退職給与負債調整勘定の対象従業者の数}}$$

2－3　純資産の取扱い

適格合併と適格分割型分割では，被合併法人と移転元法人の利益積立金額を引き継ぎますが，非適格合併と非適格分割型分割では，利益積立金額の引継ぎは行われません。受け入れた資産・負債の時価純資産については資本金等の額を増加させます（法令8①五，六）。

> **チェックポイント！**
>
> ■ 非適格合併において，合併法人は被合併法人の利益積立金を引き継いでいませんか。
>   ⇒ 合併法人は時価で資産・負債を取得し，受け入れた純資産価額は資本金等の額の増加となります。株式以外の資産を対価として被合併法人の株主に交付したときはその株式以外の資産価額を減算した金額が資本金等の額となります。
> ■ 被合併法人の最後事業年度の未払事業税を，負債として認識していませんか？
>   ⇒ 被合併法人の最後事業年度の未払事業税は，未払住民税などと異なり，税務上の負債として認識されません。したがって，会計上，未払事業税を計上していたとしても，当該金額は資産（負債）調整勘定に吸収されることになります。

3 記載例

＜非適格合併の記載例＞

1 被合併法人の申告書記載例（会計上簿価承継で仕訳した場合）
  非適格合併により次の法人を吸収合併した。
  なお，合併法人と被合併法人の間に資本関係はない。

被合併法人の合併直前BS

資産　1,600 （含み益　400）	負債	100
	資本金	1,000
	利益剰余金	500

※ 被合併法人の株主に交付した合併法人株式の時価：1,900

別表五(一)
利益積立金額の計算に関する明細書

区分	期首現在 利益積立金額 ①	当期の増減 減 ②	当期の増減 増 ③	差引翌期首現在 利益積立金額 ①−②+③ ④
減価償却超過額	100			100
繰越損益金	500			500
差引合計額	600			600

資本金等の額の計算に関する明細書

区分	期首現在 資本金等の額 ①	当期の増減 減 ②	当期の増減 増 ③	差引翌期首現在 資本金等の額 ①−②+③ ④
資本金	1,000			1,000
差引合計額	1,000			1,000

譲渡利益額
＝合併法人株式の時価
　−法人税法上の簿価純資産
300＝1,900−（資本金等1,000
　＋利益積立金600）

別表四

区分	総額 ①	処分 留保 ②	処分 社外流出
当期利益又は当期欠損の額	×××	×××	配当 その他
加算			
減算			
仮　計			
非適格合併又は残余財産の全部分配等による移転資産等の譲渡利益額又は譲渡損失額	300		※　300
差　引　計	×××	×××	×××

2　合併法人の申告書記載例
（会計上の受入仕訳）簿価承継

資産	1,600	負債	100
		資本剰余金	1,000
		利益剰余金	500

（税務上の受入仕訳）時価取得

資産	2,000	負債	100
		資本金等	1,900

（会計と税務の差を調整する仕訳）

資産	400	利益積立金	400❶
利益積立金	900❷	資本金等	900❷

> わかりやすくするため，合併法人の期首利益積立金額をゼロとしています。

別表五(一)
利益積立金額の計算に関する明細書

区分	期首現在利益積立金額	当期の増減 減	当期の増減 増	差引翌期首現在利益積立金額 ①−②+③
	①	②	③	④
合併受入資産	※　400			400　❶
資本金等の額	※△900			△900　❷
繰越損益金	0	0	500	500
差引合計額	△500			0

> 時価と会計上の受入価額の差額。

> 資産の含み益400と利益剰余金として引き継いだ500の合計額900を資本金等の額で増加させるため利益積立金額から減額します。

資本金等の額の計算に関する明細書

区分	期首現在資本金等の額	当期の増減 減	当期の増減 増	差引翌期首現在資本金等の額 ①−②+③
	①	②	③	④
資本金	×××			×××
資本剰余金			1,000	1,000
利益積立金額			900	900　❷
差引合計額	×××			×××

3 組織再編成の基本的な課税関係(2)～適格

1 制度のあらまし

　組織再編成によって移転した資産と負債については時価譲渡が原則ですので，移転元法人は譲渡損益を計上しますが，適格要件を満たす再編成については簿価引継ぎまたは譲渡とされ，譲渡損益が繰り延べられます。

　簿価での引継ぎとは，含み損益の引継ぎを認めることを意味します。さらに，適格合併では，原則として青色欠損金の引継ぎも認められています。そこで含み損益や青色欠損金を利用した租税回避を防止するための個別規定が定められています。

　なお，以下では，断りのない限り，合併を念頭において説明を行います。

2 解説とチェックポイント

2―1 資産・負債の移転

　グループ内の適格組織再編成または共同事業を営むための適格組織再編成に該当するときは，資産負債は帳簿価額のまま引き継ぎます。帳簿価額で引き継ぐことにより，将来的に譲渡したときなどに譲渡損益が計上されることになるため，譲渡損益の計上を繰り延べる効果があることになります。

> **チェックポイント！**
>
> ■　被合併法人の別表五(一)に，減価償却超過額が計上されている場合，会計上の減価償却資産の帳簿価額に加減算していますか。
> 　⇒　適格組織再編成は，法人税法上の帳簿価額で移転します。したがって，償却超過額がある減価償却資産を会計上の帳簿価額で移転

したときは，別表五㈠で償却超過額を引き継ぐことになります。
■ 適格組織再編成について，会計上，資産を時価で受け入れている場合は別表調整していますか。
　⇒　帳簿価額での受入れは強制なので，別表五㈠で調整が必要です。
■ 再編当事者間の債権債務の金額が一致しているか，事前に確認しましたか。
　⇒　たとえば，子法人の債権者から，子法人に対する債権を券面額以下で購入していると，適格合併と同時に混同による債務消滅益が計上されます（図表3－1）。

図表3－1　混同による消滅益計上の事例

親会社の貸借対照表		子会社の貸借対照表	
子会社貸付金　100			親会社借入金　1,000

※　親会社は子会社の債権者から貸付金（額面1,000）を100で購入している。

【子法人との適格合併による親会社の引継処理】
　　諸資産　　　　　×× ／ 親会社借入金　1,000
　　　　　　　　　　　　　諸負債　　　　　××

【混同による消滅】
　　親会社借入金　1,000 ／ 子会社貸付金　　100
　　　　　　　　　　　　　債務消滅益　　　900

■ 被合併法人において最終事業年度の事業税を損金算入していませんか。
　⇒　事業税は申告期限における損金となりますが，合併法人が納税義務を承継するため（通則法6），合併法人の損金になります。
■ 合併があった場合は「組織再編成に係る主要な事項の明細書」および合併契約書を添付しましたか。
　⇒　合併法人および被合併法人の両方が添付する必要があります。
■ 合併後の税務調査で被合併法人の最終事業年度の税務上の否認金が認定されたような場合，合併法人の受入処理を修正していますか。
　⇒　たとえば，被合併法人の最終事業年度に減価償却超過額が生じた場合は，合併法人は否認金相当額を利益積立金として引き継ぐことを失念しないよう注意が必要です。

2－2　合併法人の課税関係

　適格合併における合併法人は，被合併法人の資産負債を税務上の帳簿

価額で引き継ぎます（法法62の２）。さらに税務上の純資産である資本金等の額と利益積立金額も引き継ぎます（法令８①五・９①二）。被合併法人の課税関係（未実現の含み損益）を引き継ぐためです。

適格分割型分割も同様ですが，会社分割の場合は，移転する事業と残る事業があるため，承継する資本金等の額の按分計算が必要です（法令８①十五）。受け入れた簿価純資産額から資本金等の額を減算した金額が引き継ぐべき利益積立金額となります（法令９①三）。

また，２―５で説明するように適格合併では要件を満たすことで青色欠損金の引継ぎも可能です。

なお，抱合株式については「25 26　抱合株式」を参照してください。

２―３　事業年度

被合併法人については，合併期日の前日までを最終事業年度とする特例事業年度が生じます（法法14①二）。申告により，合併法人に移転する資産・負債や，資本金等の額，利益積立金額が確定します。適格分割型分割の場合も，かつては事業年度開始日から分割の日の前日までを移転元法人の特例事業年度とする取扱いが存在しましたが，平成22年度税制改正によって廃止されているため，特例事業年度を設けることなく，通常の事業年度で申告を行います。

２―４　被合併法人の納税義務の承継

合併法人は被合併法人の納税義務を承継し，確定申告，納付を行うことになります（通則法６）。

> チェックポイント！
>
> ■　適格合併の場合に解散による欠損金の繰戻還付が常に可能と誤解していませんか。

⇒　繰戻還付が認められるのは中小法人のみです（法法80④）。なお，非適格合併による解散の場合は大法人でも可能です。

2－5　青色欠損金の引継ぎ

適格合併および完全支配関係がある子法人の清算においては，青色欠損金の引継ぎが認められます（法法57②）。租税回避防止規定があり，引継制限（法法57③）や受入法人側での青色欠損金の使用制限（法法57④）に注意する必要があります。

> **チェックポイント！**
>
> ■　青色欠損金の引継制限に抵触しないことを検討しましたか。
> ⇒　合併法人と被合併法人の支配関係が，合併事業年度開始日の5年前の日以後に生じているなどの場合，みなし共同事業要件を満たさない限り，青色欠損金の引継ぎが制限されます。

2－6　株主の税務

適格での吸収合併があった場合，消滅法人の株主は，旧株から合併法人の株式へと帳簿価額を付け替えるため，譲渡損益は生じません（法法61の2①②，措法37の10③一，所令112）。分割型分割の場合の移転元法人の株主も，付替計算が必要ですが，移転した事業に対応する帳簿価額だけを按分計算することになります（法法61の2④，措法37の10③二）。なお，現物出資や分社型分割では，現物出資法人や分割元法人の株主において株式の異動が生じないため，課税関係は生じません。

> **チェックポイント！**
>
> ■　合併比率は適切に算定されていますか。
> ⇒　合併比率が妥当でない場合，個人株主間での株式価値の移転が生じ，みなし贈与課税（相法9）を認定されるリスクがあります。

3 記載例

＜適格合併における合併法人の受入処理（抱合株式がある場合）＞

（親法人が100％子法人を吸収合併した場合）

※ 親法人は合併事業年度においては，合併による株式消滅益以外に損益はなかったものとする。

被合併法人（子法人）の合併直前会計 B/S

```
資産        700 | 負債            100
                | 資本金          400
                | 利益剰余金      200
```

被合併法人（子法人）の合併直前税務 B/S

資産 800	負債	100	（親法人の株式簿価 400）
	資本金等の額	400	
	利益積立金額	300	（うち減価償却超過額 100）

【合併法人（親法人）の会計処理】簿価承継

```
資産        700 | 負債            100
                | 子法人株式      400
                | 株式消滅差益    200
```

【合併法人（親法人）の税務処理】簿価承継

```
資産            800 | 負債            100
                    | 資本金等の額    400
                    | 利益積立金額    300
資本金等の額    400 | 子法人株式      400
```

【税務上の修正処理】

```
株式消滅差益    200 | 利益積立金      300
資産            100 |
```

1 被合併法人（子法人）の最終事業年度の別表五(一)

別表五(一)
利益積立金額の計算に関する明細書

区分	期首現在利益積立金額	当期の増減 減	当期の増減 増	差引翌期首現在利益積立金額 ①－②＋③
	①	②	③	④
減価償却超過額	130	30		100
繰越損益金	150	150	200	200
差引合計額	280	180	200	300

資本金等の額の計算に関する明細書

区分	期首現在資本金等の額 ①	当期の増減 減 ②	当期の増減 増 ③	差引翌期首現在資本金等の額 ①-②+③ ④
資本金又は出資金額	400			400
差引合計額	400			400

2　合併法人の受入処理

別表四

区分	総額 ①	処分 留保 ②	処分 社外流出 ③	
当期利益又は当期欠損の額	200	200	配当	
			その他	
加算				
減算　株式消滅益	200	200		
所得金額又は欠損金額	0	0		

※株式消滅益は益金に算入されないため，減算します。

別表五(一)
利益積立金額の計算に関する明細書

区分	期首現在利益積立金額 ①	当期の増減 減 ②	当期の増減 増 ③	差引翌期首現在利益積立金額 ①-②+③ ④
抱合株式		※200	△200	△400
減価償却超過額			※100	100
資本金等の額			※400	400
繰越損益金	800	800	1,000	1,000
差引合計額	800	1,000	1,300	1,100

※利益積立金300を引き継いだため，同額が期首の利益積立金額に比べ増加しています。

資本金等の額の計算に関する明細書

区分	期首現在資本金等の額 ①	当期の増減 減 ②	当期の増減 増 ③	差引翌期首現在資本金等の額 ①-②+③ ④
資本金又は出資金額	500			500
利益積立金額（抱合株式）		※400	※400	0
差引合計額	500	400	400	500

※被合併法人の資本金等の額400の引継ぎと，子会社株式の消却400を計上します。

4 組織再編成の基本的な課税関係(3)～株主

1 制度のあらまし

　吸収合併によって会社が消滅する場合は，消滅法人の株主は，保有する株式が消滅する代わりに合併法人の株式などの合併対価が交付されます。税法はこれを旧株の譲渡と位置づけて譲渡損益やみなし配当の課税関係を構築しています。

図表4—1　合併の場合の株主課税

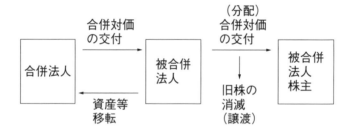

2 解説とチェックポイント

2—1 非適格合併における株主課税（金銭交付あり）

　非適格合併では，適格合併とは異なり，合併法人は被合併法人の利益積立金を承継せず，純資産額を資本金等の額として受け入れます（法令8①五）。被合併法人は，資産・負債の時価移転の対価として合併対価を受け取り，譲渡損益を利益積立金として認識すると同時に，その合併対価を株主に交付して清算します。被合併法人の株主は，旧株が消滅（譲渡）する代わりに，合併対価を受け取ります。合併対価は，被合併

4 組織再編成の基本的な課税関係(3)～株主   25

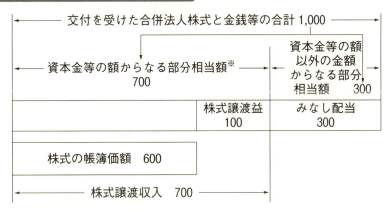

法人の資本金等の払戻部分と利益積立金を原資とした配当部分からなるものとして株主の課税を行います。たとえば，非適格合併により交付を受けた合併法人株式と金銭の合計額が1,000，資本金等の額からなる部分の金額を700，旧株の帳簿価額が600とすると，株式譲渡損益（法法61の2①）とみなし配当金額（法法24①一）は図表4－2のように計算されます。

> チェックポイント！

■ 交付を受けた株式や金銭等の時価相当額を，すべて旧株の譲渡収入からなるものとして，みなし配当を失念していませんか。
　⇒ 非適格合併では，被合併法人の株主はみなし配当を計上する必要があります。一方，譲渡損益については，2－2で解説するように

> 非適格合併であっても金銭など株式以外の交付を受けない場合は譲渡損益を計上せず，株主は旧株を簿価譲渡したものとします（法法61の2②）。
> ■ 株主にみなし配当が生じる場合，所得税の源泉徴収を失念していませんか。
> ⇒ 合併法人は源泉徴収義務とともに被合併法人の支払調書の提出義務も引き継ぎます。

2－2 非適格合併における株主課税（金銭交付なし）

　非適格合併であっても，被合併法人の株主に合併法人株式以外の資産が交付されない場合は旧株を簿価譲渡したものとして，譲渡損益は計上されず新株を将来譲渡する時まで繰り延べられます（法法61の2②）。これを株主適格と呼ぶことにします。金銭等の交付がなく，旧株主による投資が継続していることから，投資の清算としての譲渡損益課税が行われないよう配慮されているわけです。一方，みなし配当金額は，株式

図表4－3　株主適格の場合の課税関係

被合併法人の合併直前税務 B/S

資産　700	負債　　　　　　100
	資本金等の額　400
	利益積立金額　200

（株主の帳簿価額　150）

＜被合併法人＞
負債　　　　100	資産　　700
合併法人株式　900	譲渡益　300

＜合併法人（取得）＞
⇒ 資産　1,000 ／ 負債　100／資本金等の額　900

＜株主への分配＞
資本金等の額　400	合併法人株式　900
利益積立金額　500	

＜被合併法人の株主＞
⇒ 合併法人株式　650／旧株　150／みなし配当　500

※　合併法人株式＝旧株の簿価＋みなし配当
※　株式の時価と取得価額との差額250は繰延べ

の時価のうち被合併法人の利益積立金を原資とする部分として認識します。結果として，合併法人株式の取得価額は，旧株の帳簿価額とみなし配当金額の合計額となります（法令119①五）。

> **チェックポイント！**
>
> ■ 株主はみなし配当課税を失念していませんか。
> ⇒ 株主適格の場合，株式譲渡損益課税は生じませんが，みなし配当課税が生じます。みなし配当金額の計算は2―1と同様です。
> ■ 株主は株式簿価の付替えを忘れていませんか。
> ⇒ 旧株の帳簿価額にみなし配当の額を加算した金額が，株主適格の場合の合併法人株式の取得価額となります。
> ■ 株主の所得に影響がないからと別表調整を行っていないということはありませんか。
> ⇒ 別表調整を失念すると，利益積立金額が正しく計算されず，留保金課税などの計算に誤りが生じる可能性があります（「3　記載例」参照）。
> ■ 合併法人にとって，被合併法人のなかに好ましくない株主が存在する場合，その対応は事前に検討しましたか。
> ⇒ 合併法人にとって好ましくない株主がいる場合に，合併法人株式の代わりに安易に現金交付している事例を見受けます。この場合は税務調査において非適格合併と認定されるリスクが高いといえます。
> ■ 株主に通知を行っていますか。
> ⇒ みなし配当金額の明細を株主に通知する必要があります。

2―3　適格合併における株主課税

　適格合併の場合は，被合併法人の利益積立金が合併法人に引き継がれるため，株主に利益積立金に相当する利益が帰属することはなく，みなし配当課税は生じません（法法24①一）。被合併法人の株主は旧株を簿価で譲渡して合併法人株式の交付を受けたものとし（法令119①五），旧株から新株へ帳簿価額を付け替えるのみで，株式譲渡損益は繰り延べられます（法法61の2②）。

2—4 抱合株式がある場合

　親会社が子会社を吸収合併する場合，親会社が保有する子会社株式の処理が問題になります。合併法人が保有する被合併法人の株式のことを抱合株式といいます。適格合併の場合，合併法人は，資産・負債を帳簿価額で引き継ぎ，抱合株式を資本金等の額で消却します（「25 26　抱合株式」参照）。

> **チェックポイント！**
>
> ■　子会社を適格合併する場合，資本金等の額への影響を検討しましたか。
> ⇒　子会社株式の帳簿価額と子会社の資本金等の額が一致しない場合は，親会社の資本金等の額に増減が生じるため，注意が必要です（法令8①五）。図表4—4の事例では，合併法人（親会社）の資本金等の額が100減少します。

図表4—4　被合併法人の合併直前B/S

資産　700	負債　　　　　　100	（親会社における子法人株式
	資本金等の額　400	の帳簿価額は500）
	利益積立金額　200	

＜合併法人（親会社）の処理＞
　（資産負債・純資産の受入れ）
　　　資産　　　　　　　　700　／　負債　　　　　　　　100
　　　　　　　　　　　　　　　／　資本金等の額　　　　400
　　　　　　　　　　　　　　　／　利益積立金額　　　　200
　（抱合株式の消却）
　　　資本金等の額　　　　500　／　被合併法人株式　　　500

2−5 分割型分割の場合

非適格分割型分割は非適格合併と類似する効果があるため、移転元法人の株主は、被合併法人の株主と同様の処理を行います。移転元法人の株主が非適格分割型分割により移転先法人の株式のみの交付を受けた場合は、株主適格とし、みなし配当（法法24①二）を認識しますが、旧株は簿価譲渡となります（法法61の2④）。移転先法人から取得する新株は、按分計算した旧株の帳簿価額とみなし配当金額の合計額となります（法令119①六）。

3 記載例

＜図表4−3の事例で、株主法人が以下の会計処理を行っている場合＞
別表八により計算した受取配当等の益金不算入額は、350とします。
（会計上の仕訳）
　　合併法人株式　　　　　150　／　被合併法人株式　　　150

別表四

区分	総額	処分 留保	処分 社外流出
	①	②	③
当期利益又は当期欠損の額	×××	×××	配当
			その他
加算　みなし配当金額	500	500	
減算　受取配当等の益金不算入額	350	※	350

※利益積立金額を増加させる必要があるため加算留保です。

※みなし配当金額は別表八で計算します。

別表五(一)：利益積立金額の計算に関する明細書

区分	期首現在 利益積立金額 ①	当期の増減 減 ②	当期の増減 増 ③	差引翌期首現在 利益積立金額 ①−②+③ ④
利益準備金				
合併法人株式			500	500

5 完全支配関係における適格要件

1 制度のあらまし

　適格組織再編成には，グループ内再編成と共同事業要件を満たす再編成がありますが，グループ内再編成には，100％グループ内での組織再編成と，50％超100％未満のグループ内の組織再編成があります。100％の持株関係がある法人同士の関係を「完全支配関係」といいます。完全支配関係がある法人同士の適格組織再編成の場合は，完全支配継続要件と株式以外の対価を交付しないことが原則的な要件となります。

　以下は特に断りのない限り，合併を念頭において説明します。また，無対価組織再編成については[10][11]をご参照ください。

2 解説とチェックポイント

2—1 完全支配関係とは

　完全支配関係（法法2十二の七の六，法令4の2②）は，グループ法人税制におけるグループの定義ですが，組織再編成においても100％グループ内の適格組織再編成の前提となります。100％グループ内における親会社と子会社，親会社と孫会社，子会社と孫会社，子会社同士の関係はいずれも完全支配関係があることになります。図表5—1の法人A，B，Cはすべて一の者による完全支配関係があります。一の者が法人株主であれば，グループ内のどの法人同士が合併を行っても完全支配関係がある法人同士での合併となります。

　一の者が個人である場合は，個人による完全支配関係があるグループ内の法人同士は，すべて完全支配関係があることになります。個人には

5 完全支配関係における適格要件　31

図表5－1　完全支配関係

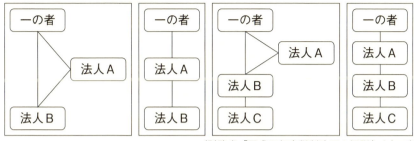

（財務省「平成22年度税制改正の解説」を加工）

図表5－2　個人による完全支配

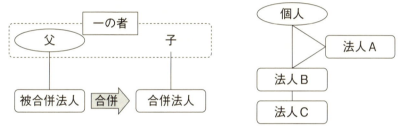

個人による完全支配関係がある法人同士の合併に該当する　　法人A，B，Cには完全支配関係あり

親族等の特殊関係者を含みますので，父が完全支配する法人と子が完全支配する法人同士の合併は，完全支配関係がある法人間の合併に該当します（図表5－2）。

> チェックポイント！

■　完全支配関係にある法人同士の組織再編成にもかかわらず，事業継続要件を満たしていないからと，非適格組織再編成であると判定していませんか。
　⇒　完全支配関係にある法人同士の組織再編成には，支配関係における組織再編成とは異なり，事業継続要件はありません。ただし，欠損金の移転先の付替を行うなど租税回避事案と見られると，租税回

避防止措置による否認が別途あり得る点には注意が必要です。
■ 兄100％保有Ａ社，弟100％保有Ｂ社を無対価で合併すると，非適格再編になることを理解していますか。
 ⇒ Ａ社・Ｂ社が合併前に兄50％保有，弟50％保有で，合併後にも保有割合が変わらなければ，適格になり得ます。（国税庁質疑応答事例「無対価合併に係る適格判定について（株主が個人である場合）」https://www.nta.go.jp/law/shitsugi/hojin/33/20.htm）
■ 従業員持株会が株式を保有している場合，常に完全支配関係の適格組織再編成には該当しないと判断していませんか。
 ⇒ 組合型の従業員持株会等の保有割合が５％未満である場合は，完全支配関係があるものとされます（法令４の２②）。
■ 無議決権株式を発行している会社の場合に，議決権割合で適格要件を判定していませんか。
 ⇒ 組織再編成の適格要件は，発行済株式数で判定するため，無議決権株式等の種類株式の数も含めて判定します（法令４の３）。同族会社の判定が，発行済株式数と議決権割合との併用により判定される点と混同しないようにする必要があります。

2－2　完全支配継続要件

　完全支配関係にある法人同士の組織再編成における適格要件の１つは，再編後も完全支配関係が継続する見込みであることです（法令４の３②二）。

　たとえば，100％子法人同士の合併の場合であれば，合併法人となる子法人の株式を合併後にグループ外に譲渡することを予定していると，完全支配継続要件を満たさず，適格合併に該当しないことになります。

　ここで，100％グループ内で株式を譲渡する場合は，完全支配関係が継続しますので，適格要件に抵触することはありません。また，親法人が100％子法人を合併する場合は，子法人が合併により消滅するため，継続すべき完全支配関係が存在せず，適格要件として完全支配継続要件は課されません（法令４の３②一）。

　また，当初の組織再編成後に次の適格合併や適格株式分配が予定されている場合は，当初の組織再編成は，適格要件を満たすものとされてい

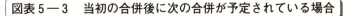

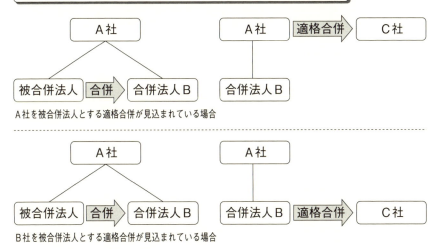

ます（法令4の3②括弧書）。

　たとえば，図表5—3のように当初の合併の後に適格合併が予定されている場合は，当初合併後，次の合併までA社とB社との完全支配関係が継続する見込みである場合は，当初の合併は適格合併に該当します。

　一方，適格現物分配については，事業がなく単なる現物財産の配当であることから，現物分配を行う直前に完全支配関係があればよく，その継続までは課されていません。したがって，現物分配によって配当を受けた直後に，その配当した子会社の株式を売却しても適格要件には抵触しません（法法2十二の十五）。

> チェックポイント！

■　M&Aによる売却を前提に子法人の組織再編成を行う場合，再編後に継続保有要件を満たすか検討しましたか。
　⇒　仮に，M&Aに先だって，子法人を移転元法人，親法人を移転先法人とする分割型分割を実行した後に，子法人株式を売却するよう

なケースは，従前，継続保有要件を満たさず，非適格分割型分割に該当していました。しかし，平成29年度税制改正により，分割承継法人について，同一の者による完全支配関係継続が見込まれている限り，適格要件を満たすこととされています。分割元である分割法人との完全支配継続要件は不要となっている点に注意が必要です（法法2十二の九，同十二の十一イ，法令4の3⑥二）。

■ 分割型分割を行った後に，分割法人の解散を予定していませんか。
　⇒ 解散を予定した組織再編成は完全支配継続要件を満たさないことから，非適格組織再編成に該当していました。しかし，平成29年度税制改正により，分割承継法人について，同一の者による完全支配関係継続が見込まれている限り，適格要件を満たすこととされています。

■ 組織再編成の後に，次の適格合併が予定されている場合に，継続保有要件を満たさないとして非適格組織再編成と判定していませんか。
　⇒ 次の適格合併まで，完全支配継続要件が見込まれる場合は，当初の組織再編成は適格要件を満たします。

■ 組織再編成の後に，一部の株主が株式を譲渡する見込みである場合，完全支配関係が継続しないことをもって，常に非適格組織再編成に該当すると理解していませんか。
　⇒ 譲渡後であっても，支配関係による適格要件を満たす場合は，50％超100％未満グループ内の適格組織再編成に該当します。また，共同事業要件による適格組織再編成に該当する可能性もあります。

2－3　株式以外の対価の不交付要件

　適格組織再編成は，株式以外の対価を交付しないことがもう1つの要件です。

　たとえば，合併を行う場合，合併法人は被合併法人の株主に対し合併法人株式またはその法人の完全親法人株式以外の資産を交付しないことが適格要件となります（法法12の8）。

チェックポイント！

■ 被合併法人の株主に剰余金の配当として金銭を交付した場合に，株

式以外の対価を交付したものとして非適格合併に該当すると判定していませんか。
　⇒　この場合は，株式のみの交付要件を満たしているものと取り扱われ，適格合併に該当します。ただし，合併の対価でないことを明らかにするため，剰余金の配当であることを合併契約書で明記すべきです（平成15年12月5日裁決（広裁（諸）15-22）参照）。

3　記載例

＜出資関係を系統的に記載した図＞

株式会社A
(1)　出資関係を系統的に記載した図　　　　　　　　令和7年3月31日現在

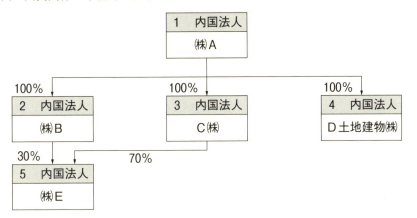

(2)　グループ一覧

一連番号	所轄税務署名	法人名（個人名）	納税地（住所）	代表者氏名	事業種目	資本金等（千円）	決算期	備考
1	東	㈱A	大阪市中央区○○1-2-3	木村一馬	卸売	98,000	3.31	
2	北	㈱B	大阪市北区○○4-5-6	山本晴也	製造	10,000	9.30	
3	宇治	C㈱	京都府京田辺市大住7-8	山田貴子	小売	10,000	3.31	
4	南	D土地建物㈱	大阪市中央区○○9-10-11	木村一馬	不動産賃貸	50,000	12.31	
5	西	㈱E	大阪市西区○○12-13	鈴木遥介	卸売	10,000	5.31	

6 支配関係における適格要件(1)

1 制度のあらまし

　50％超100％未満の再編における適格要件つまり支配関係における適格要件は，100％グループ内の再編に対して，事業の移転とその継続に関する要件が付加されています。主要な資産および負債の移転・80％以上の従業者の引継ぎについては，あわせて独立事業単位要件とも呼ばれます。単なる資産の移転ではなく，独立した事業単位での移転であることを求めるもので，事業のヒト・モノが移転し，それが継続することを求めます。

組織再編成の区分	要　件
企業グループ内の組織再編成 （持分割合　50％超）	① 独立した事業単位の移転 　（主要な資産・負債＋従業者の相当数） ② 移転した事業の継続 ※ 持分割合が100％である場合，上記①，②の要件は不要
共同事業を行うための組織再編成 ○事業の関連性があることに加え， ○規模の著しく異ならないこと 　　売上金額，従業者数，その他これらに準ずるもののいずれかの比率が概ね１：５以下 又は ○常務クラス以上の役員の経営への参画	① 独立した事業単位の移転 　（主要な資産・負債＋従業者の相当数） ② 移転した事業の継続 ③ 移転した資産の対価として取得した株式の継続保有

※　独立して事業を行うためのいわゆる適格スピンオフ税制についてはこの表では触れていません。

2　解説とチェックポイント

2－1　支配関係による適格要件

　組織再編成を行う法人間に当事者間の支配関係がある場合には，次の要件のすべてを満たせば適格組織再編成に該当することになります。

(1) 合併等の対価として，合併法人等の株式またはその法人の完全親法人株式以外の資産が交付されないこと
(2) 被合併法人等の合併直前の従業者の総数のおおむね80％以上に相当する数の者が合併法人等の業務に従事することが見込まれていること
(3) 被合併法人等の主要な事業が合併法人等において引き続き営まれることが見込まれていること
(4) 分割等の場合には，移転する事業に係る主要な資産及び負債が移転していること

　また，組織再編成前において，合併法人等と被合併法人等との間に同一者による支配関係がある場合には，上記(1)～(3)の要件のほか，組織再編成後において，その同一の者に合併法人等の発行済株式等の50％超の株式等を直接または間接に継続して保有されることが見込まれていることがその要件とされています（法令4の3③二）。

> チェックポイント！

■ 保有割合の判定は，直接保有割合だけでなく，間接保有割合を含めて判定することを理解していますか。
　⇒　株式の保有割合は，当事者間の直接保有株式数に，50％超の子法人が有する間接保有株式数も含めて判定します。

(1) 支配関係ありと判定されるケース

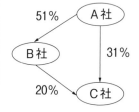

A社とC社は，直接保有割合が31％あり，またA社とB社間に50％超の支配関係があることから，間接保有割合として20％も加算されます。結果，合計51％の支配関係があると判定されます。

(2) 支配関係なしと判定されるケース

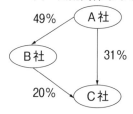

A社とC社は，直接保有割合が31％ありますが，A社とB社の関係が支配関係にありませんので，間接保有割合が0％となり，50％超の保有割合を有するに至りません。

Column 2　IDCF 事件

　IDCF 事件（最高裁平成28年 2 月29日判決）は，ヤフー事件（P.11参照）と一体のスキームで実行されたもので，ヤフー事件と同様，初めて法人税法132条の 2 （組織再編成に係る行為又は計算の否認）の適用に関する判断が行われた事件として有名です。

　事件としては，ソフトバンクの子会社である IDCS の事業をヤフーが買収する際に，IDCS から新設法人 IDCF へ当該事業を会社分割で移管させ，その IDCF 株式をヤフーが買い取ったものです。ヤフーへ分割承継法人株式の譲渡が予定されていることから，継続保有要件を満たせず，この会社分割は非適格になりますが，その結果，IDCF には100億円の資産調整勘定が生じ，その資産調整勘定はヤフーの元（子会社として）において 5 年間で損金化されます。一方で，IDCS 社において非適格分割の譲渡益が生じますが，欠損金があったため課税は生じていません。実態としては，あえて非適格となる組織再編を行い利用用途のない IDCS の欠損金を IDCF に付け替えて，ヤフーがその欠損金を有効利用したと言い換えることができます。

① 平成21年 2 月 2 日…IDCS が新設分社型分割により新会社 IDCF 社に事業を移管
② 平成21年 2 月19日…ヤフーが IDCF 株式の全株式を115億円で買収

　結論は，ヤフー事件と一体のスキームで実行されたものなので，ヤフー事件（P.11参照）のコラムを参考にしていただければと思いますが，この事例は，通常に行えば適格再編となるものを，キャッシュを再編対価にするなどによりあえて非適格再編にしてしまうケースの参考例と位置付けることができると思います。

（岡野　訓）

7 支配関係における適格要件(2)

1 制度のあらまし

　法人が，組織再編成により，その有する資産等を他の法人に移転した場合において，当該組織再編成が下表の要件に該当するときは，移転した資産の譲渡損益などを繰り延べる適格組織再編成に該当します。

	合併	分割・現物出資	株式交換等・移転	現物分配（株式分配を除く）	株式交付
100%（完全支配関係）	・金銭交付なし ・完全支配継続（同一者による完全支配関係の場合）	・金銭交付なし ・完全支配継続（一定の場合）	・金銭交付なし ・完全支配継続	・分配直前の完全支配関係	
50%超100%未満（支配関係）	・金銭交付なし ・従業者引継ぎ ・事業継続 ・支配継続（同一者による支配関係の場合）	・金銭交付なし ・従業者引継ぎ ・事業継続 ・按分型要件 ・主要資産引継ぎ ・支配継続（一定の場合）	・金銭交付なし ・従業者引継ぎ ・事業継続 ・支配継続		
共同事業	・金銭交付なし ・従業者引継ぎ ・事業継続 ・事業関連性 ・規模要件または経営参画 ・株式継続保有	・金銭交付なし ・従業者引継ぎ ・事業継続 ・事業関連性 ・規模要件または経営参画 ・株式継続保有 ・按分型要件 ・主要資産引継ぎ	・金銭交付なし ・従業者引継ぎ ・事業継続 ・事業関連性 ・規模要件または経営参画 ・株式継続保有＊ ＊完全子法人の支配株主が完全親法人株式を継続保有＋		・80％以上親会社株式交付 ・株式交付後親会社が非同族会社

| | | | 完全親法人における
株式継続保有 | | |

※ 独立して事業を行うためのいわゆる適格スピンオフ税制についてはこの表では触れていません。

2 解説とチェックポイント

支配関係のある法人間における各適格要件は，次のとおりです。

2－1 金銭等不交付要件

適格合併等に該当するためには，原則として，被合併法人等の株主に合併法人等株式（または合併等親法人株式）以外の資産が対価として交付されていないことが必要となります（法法２十二の八等）。

ただし，平成29年度税制改正では，吸収合併と株式交換に限り，この金銭等不交付要件が緩和されています。具体的には，合併法人（株式交換完全親法人）が被合併法人（株式交換完全子法人）の発行済株式等の３分の２以上を直接に保有している場合には，合併法人（株式交換完全親法人）以外の株主に交付する合併対価は，金銭等不交付要件の対象になりません（法法２十二の八，十二の十七）。

図表７－１　合併親法人株式のみが交付される三角合併

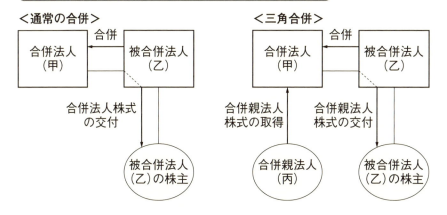

> チェックポイント！

- ■ 合併等に伴い，被合併法人等の株主に金銭等の交付がされていることをもって，非適格組織再編成と判断していませんか。
  - ⇒ 合併等に伴って合併法人株式等以外の資産が交付されている場合でも，それが被合併法人等の株主に対する剰余金の配当や合併等に反対する株主からの買取請求に基づく対価として交付されたものである場合には，そのことのみをもって非適格組織再編成とされることはありません（法法２十二の八等）。
- ■ 発行済株式等の３分の２以上を保有している場合に，すべての再編行為で金銭等不交付要件が緩和されていると思っていませんか。
  - ⇒ 金銭等不交付要件が緩和されているのは，吸収合併とスクイーズアウトを含む株式交換のみです。
- ■ 発行済株式等の３分の２以上を間接保有している場合も，金銭等不交付要件が緩和されていると思っていませんか。
  - ⇒ 合併法人等が発行済株式等の３分の２以上を直接に保有している場合のみが対象です。
- ■ 合併比率の調整のために合併交付金を支払った場合に，適格合併と判定していませんか。
  - ⇒ 合併比率の調整のために合併交付金を支払った場合には，被合併法人の株主に金銭等を交付したと考えられるため，非適格合併に該当します。

株主総会議事録

（中略）

議題　剰余金の配当の件
　議長は，下記の要領で剰余金の配当をしたい旨を述べ，その理由を詳細に説明した…

記

1　配当財産の種類及び帳簿価額の総額
　　金銭　金×××××× 円
2　株主に対する配当財産の割当てに関する事項
　　令和△△年△月△日▲時現在の株主名簿に……持ち株１株に対して金△△円。
3　剰余金の配当がその効力を生ずる日を令和〇〇年〇月〇日とする。

（中略）

令和●●年●月●日

> 被合併法人の株主に交付された金銭が，被合併法人の合併直前に有する剰余金の配当であるにもかかわらず，金銭の交付があることをもって非適格合併としていませんか。

2－2　従業者引継要件

　支配関係のある法人間の適格合併等の要件の1つとして，被合併法人等の合併直前の従業者の総数のおおむね80％以上に相当する数の者が合併法人等の業務に従事することが見込まれていることの要件があります（法法2十二の八ロ(1)等）。この要件のことを，従業者引継要件といいます。

チェックポイント！

- ■　被合併法人等の従業者が，当該法人から移転した事業に従事することが見込まれないことのみをもって，非適格合併等としていませんか。
  - ⇒　従業者引継要件を満たすかどうかの判定において，被合併法人等の従業者が従事することが見込まれている合併法人等の業務の範囲や種類については考慮する必要がありません。あくまで，引き継がれる人数の割合でのみ判定することになります。この場合，合併法人との間に完全支配関係がある他の法人の業務に従事する従業者も含めて80％以上となるかどうかを判定します。
- ■　従業者の数を算定するにあたり，算定対象とならない従業者がいることを理解していますか。
  - ⇒　従業者とは，役員，使用人その他の者で，合併等の直前において被合併法人等の合併前に営む事業に現に従事している者をいいます。ただし，これらの事業に従事する者であっても，たとえば，日々雇い入れられる者で従事した日ごとに給与等の支払いを受ける者は，従業者の数に含めないことができます（法基通1-4-4）。
- ■　分割・現物出資の場合の従業者引継要件が合併と異なることを理解していますか。
  - ⇒　合併と異なり，移転事業に係る従業者数で判定します。

組織再編成に係る主要な事項の明細書

| | | 事業年度 | ・　・ | 法人名 | | 付表 |

		区　分	態　様	組織再編成の日
提出対象法人の区分、組織再編成の態様及び組織再編成の日	1	(被合併法人)・合併法人・分割法人・分割承継法人・現物出資法人（株式交付以外）・被現物出資法人（株式交付以外）・株式交付親会社・現物分配法人・被現物分配法人（適格現物分配）・株式交換完全親法人・株式交換完全子法人・株式移転完全親法人・株式移転完全子法人	(合併)・分割型分割（単独新設分割型分割以外）・単独新設分割型分割・分社型分割・中間型分割・現物出資（株式交付以外）・株式交付・現物分配（株式分配以外）・現物分配・株式交換・株式移転	・　・

		区　分	名　称	所　在　地
相手方の区分、名称及び所在地	2	(合併法人)・被合併法人・分割承継法人・分割法人・被現物出資法人・現物出資法人（株式交付以外）・株式交付子会社・被現物分配法人・現物分配法人・株式交換完全子法人・株式交換完全親法人・株式移転完全子法人・株式移転完全親法人		

		資産・負債の種類	価額等	株式交付にあっては左の算定根拠
移転した（又は交付した）資産又は負債の明細	3			
移転を受けた資産又は負債の明細	4	資産・負債の種類	価額等	

適格判定に係る主要な事項

適格区分	5	適格（法第2条第　号該当）その他	

			株式の保有割合	組織再編成前	組織再編成後
株式保有関係	6	令第4条の3第　項第　号該当	直接保有	％	％
			間接保有	％	％

		組織再編成前	組織再編成後
従業者の数	7	160人	0人

| 組織再編成前の | 8 | |

7欄の「従業者の数」欄のうち，合併法人の業務に従事する従業者の数（0人）が被合併法人の従業者の数（160人）の80％未満となっていませんか。

|7| 支配関係における適格要件(2)　45

図表7－2　実際の従業者の従業見込み状況

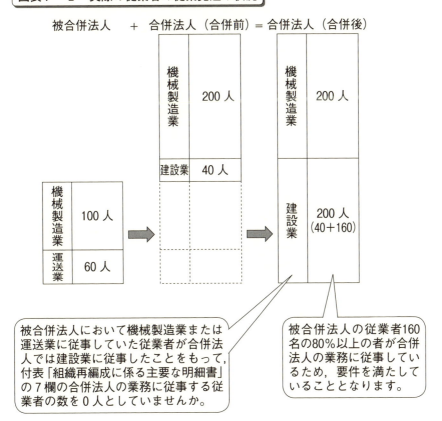

2－3　事業継続要件

　支配関係のある法人間での適格合併等の要件の1つとして，被合併法人等の主要な事業が合併法人等において引き続き営まれることが見込まれていることが必要です（法法2十二の八ロ(2)等）。この要件のことを，事業継続要件といいます。

> チェックポイント！

- ■ 被合併法人等の主要な事業が複数ある場合に，1事業のみを引き継ぎ，他の主要事業を廃止していることをもって非適格合併等と判定していませんか。
  - ⇒ 主要な事業のすべてが引き続き営まれることが見込まれている必要はなく，主要な事業のうちいずれか1事業のみが引き続き営まれることが見込まれていれば，事業継続要件を満たすと考えられます。
- ■ 合併後に合併法人の主要事業を廃止することをもって，非適格合併と判定していませんか。
  - ⇒ 事業継続要件は被合併法人から引き継いだ事業に対してのみ課されており，合併法人が合併前から営む事業については課されていません。
- ■ 被合併法人の主要事業が，合併法人に対する不動産の賃貸事業である場合に事業継続要件に抵触することを理解していますか。
  - ⇒ 被合併法人の主要な事業が合併法人に対する賃貸事業である場合には，合併を機に賃貸事業が消滅してしまうため，事業継続要件を満たすことができないリスクがあります。
- ■ 合併後に引き継いだ事業を事業譲渡や会社分割等により移転する場合には，事業継続要件を満たさないと判断していませんか。
  - ⇒ 合併法人との間に完全支配関係がある他の法人に主要な事業が移転する場合には，事業継続要件を満たします。

2−4　主要資産等引継要件

　会社分割および現物出資の適格要件として，移転元法人から移転先法人へ事業が移転する際に，その事業に係る主要な資産・負債が移転することが要求されています（法法2十二の十一ロ(1)・十二の十四ロ(1)）。

7 支配関係における適格要件(2)

> チェックポイント！

■　会社分割と現物出資の場合には，主要資産等引継要件を満たしていることを確認しましたか。
　⇒　分割事業または現物出資事業に係る主要な資産負債であるかどうかは，分割法人または現物出資法人が当該事業を営む上でのその資産および負債の重要性のほか，その資産および負債の種類，規模，事業再編計画の内容等を総合的に勘案して判定します（法基通 1 － 4 － 8 ）。

■　分割後に主要資産・負債を移転する場合には，主要資産等引継要件を満たさないと判断していませんか。
　⇒　主要資産等引継要件は，主要資産等の継続保有までは求められていないため，主要資産等の移転が見込まれている場合であっても問題ありません。

8 共同事業要件(1)

1 共同事業要件のあらまし

　グループ外の法人間での組織再編成をすべて非適格組織再編成とすると，上場企業同士などの組織再編成に多額の税負担が生じることから，そのような組織再編成にも課税を繰り延べる理屈が必要でした。そこで，「共同で事業を行う」ような組織再編成であれば，移転資産等への支配の継続を認め，適格組織再編成として譲渡損益などを繰り延べることとされました。

2 共同事業要件の内容

　この「共同で事業を行う」という要件を共同事業要件といい，各組織再編成における共同事業要件は，以下のとおりです。

	合併	分割	現物出資	株式交換	株式移転	株式分配（スピンオフ）
金銭等不交付要件	○	○	○	○	○	
按分型要件		○				○
従業者引継要件	○	○	○	○	○	○
事業継続要件	○	○	○	○	○	○
主要資産等引継要件		○	○			
事業関連性要件	○	○	○	○	○	
規模要件または経営参画要件	○	○	○	○	○	○（経営参画要件のみ）
株式継続保有要件	○	○	○	○	○	
非支配要件						○

なお，金銭等不交付要件，従業者引継要件，事業継続要件および主要資産等引継要件は，完全支配関係や支配関係における適格要件と同じであるため，5～7をご参照ください。

> **チェックポイント！**
>
> ■ グループ内での組織再編成による適格要件を満たさないからといって，非適格と判定していませんか。
> ⇒ グループ内での適格要件を満たせない組織再編成でも，共同事業要件を満たせば，適格組織再編成となります。たとえば，分割後に分割承継法人株式を一部譲渡する予定があるため，支配関係を継続できない場合でも，共同事業要件における要件を満たすことにより適格分割に該当することも考えられます。
> ■ 株式交付時の譲渡損益が繰り延べられる要件を理解していますか。
> ⇒ 被買収会社の株主である個人または法人が，株式交付によりその有する被買収会社株式を譲渡し，買収会社から買収会社株式および金銭等の交付を受けた場合において，その対価として交付を受けたこれらの資産の価額のうちに占める株式交付親会社（買収会社）株式の価額の割合が80％以上であるときは，その譲渡した被買収会社株式に係る譲渡損益のうち，対価株式に対応する部分の金額が繰り延べられます。
> また，令和5年10月1日以後の株式交付については，株式交付後に株式交付親会社が同族会社に該当する場合には，課税繰延の対象外とされています。

3 事業関連性要件

組織再編成の対象事業が相互に関連していなければ，共同で事業を行っているとはいえませんので，組織再編成の対象事業が相互に関連している必要があります（法令4の3④一等）。相互に関連するとは，対象事業同士が同種のものである場合だけではなく，以下のような場合も含まれます（法規3①二）。

①	対象事業に係る商品，資産もしくは役務または経営資源が，同一のものまたは類似するものである場合
②	組織再編成後に対象事業に係る商品，資産もしくは役務または経営資源同士が活用して営まれることが見込まれている場合

 また，関連性が求められる事業は，各組織再編成によって，以下のようになっています。

	合併法人等	被合併法人等
合併	営む事業のうちいずれか	営む主要な事業のうちいずれか
分割	営む事業のうちいずれか	移転した事業のうちいずれか
現物出資	営む事業のうちいずれか	移転した事業のうちいずれか
株式交換	営む事業のうちいずれか	営む主要な事業のうちいずれか
株式移転	営む主要な事業のうちいずれか	営む主要な事業のうちいずれか

 ここで，事業とは，法人税法施行規則3条1項に定義が置かれており，具体的には，以下の要件のすべてに該当するものが事業とされています。

①	事務所，店舗，工場その他の固定施設を所有しまたは賃借していること	
②	従業者（役員は，その法人の業務に専ら従事するものに限る）があること	
③	自己の名義をもって，かつ，自己の計算において次に掲げるいずれかの行為をしていること	
	1	商品販売等（商品の販売，資産の貸付けまたは役務の提供で，継続して対価を得て行われるものをいい，その商品の開発もしくは生産または役務の開発を含む）
	2	広告または宣伝による商品販売等に関する契約の申込みまたは締結の勧誘
	3	商品販売等を行うために必要となる資料を得るための市場調査
	4	商品販売等を行うにあたり法令上必要となる行政機関の許認可等についての申請または当該許認可等に係る権利の保有

	5	知的財産権（特許権，実用新案権，育成者権，意匠権，著作権，商標権その他の知的財産に関して法令により定められた権利または法律上保護される利益に係る権利をいう）の取得をするための出願もしくは登録（移転の登録を除く）の請求もしくは申請（これらに準ずる手続を含む），知的財産権（実施権および使用権を含むものとし，商品販売等を行うために必要となるものに限る）の移転の登録（実施権および使用権にあっては，これらの登録を含む）の請求もしくは申請（これらに準ずる手続を含む）または知的財産権もしくは知的財産権等の所有
	6	商品販売等を行うために必要となる資産の所有または賃借
	7	③—1から③—6までに掲げる行為に類するもの

このように，場所（①），人（②）および売上等（③）の三要件がそろったものが事業とされています。

チェックポイント！

■ 事業者のいない不動産賃貸業など，事業性の三要件（場所，人，売上等）を満たせないからといって，事業がないと判断していませんか。
⇒ この三要件を満たさないからといって，必ず事業がないとはいえないことが文書回答事例で公表されています。
（「投資法人が共同で事業を営むための合併を行う場合の適格判定について（http://www.nta.go.jp/law/bunshokaito/hojin/090319/index.htm）」）
この規定は，三要件のすべてを満たした組織再編成が事業関連性要件を充足する旨を定めているに過ぎません。そのため，その要件すべてを満たすことができない組織再編成については，個別に事業関連性要件を充足するかどうかの判定をします。

■ 株式移転の場合に，完全親法人の事業と完全子法人の事業を比較していませんか。
⇒ 株式移転における事業関連性は，株式移転完全子法人と他の株式移転完全子法人の事業とで関連性を検討します。

9 共同事業要件(2)

1 規模要件または経営参画要件

(1) 規模要件

　共同事業要件を満たす適格組織再編成の場合，対象事業間の規模が，一定の指標において，おおむね5倍以内となっている必要があります（法令4の3④二等）。規模があまりにも異なる場合には，企業買収に近く，共同で事業を経営するとはいい難いからです。

　この「おおむね5倍以内」という数値は，実際に実行された共同事業といえるような組織再編成の規模を参考に算出したもののようです。

　この比較すべき指標は，売上金額，従業者数，その他客観的・外形的に事業の規模を表すものとなります（法基通1-4-6）。合併の場合には，他の組織再編成とは違い，法人単位での比較も合理的であるため，これらの指標に，資本金額が含まれます。そのため，合併の場合には，まず資本金基準で規模判定を行い，ここで5倍以内でない場合に，ほかの指標で検討することが一般的です。

　なお，ここで規模を比較すべき事業は，共同で行われる関連事業同士の規模を比較するという趣旨から，事業関連性要件で利用した事業が対象となります。

> **チェックポイント！**
>
> ■ 従業者数を比較する場合に，他社に出向している者を含めていませんか。
> 　⇒ 規模要件で利用する従業者数は，従業員数ではなく，「組織再編

成前に営む事業に現に従事する者」の数をいいます（法基通1-4-4）。そのため，他法人に出向している者は，従業者数には含めません。

（2）経営参画要件

経営参画要件は，規模要件を満たせない場合でも，適格組織再編成に該当させるために用意された要件です。考え方としては，再編当事者双方の経営陣が組織再編成後も経営参画していれば，共同で事業を経営していると判断できるというものです。

具体的な要件は，各再編手法の性質に応じて，以下のようになっています（法令4の3④二等）。

	再編前		対象者	再編後
	合併法人等の	被合併法人等の		合併法人等の
合併	特定役員のうち1人	特定役員のうち1人	先のいずれもが	特定役員に就任
吸収分割	特定役員のうち1人	役員等のうち1人	先のいずれもが	特定役員に就任
新設分割	役員等のうち1人	役員等のうち1人	先のいずれもが	特定役員に就任
現物出資	特定役員のうち1人	役員等のうち1人	先のいずれもが	特定役員に就任
新設現物出資	役員等のうち1人	役員等のうち1人	先のいずれもが	特定役員に就任
株式交換		子法人の特定役員全員	が	退任しない
株式移転		子法人の特定役員全員	先のいずれもが	退任しない
株式分配		子法人の特定役員全員	が	退任しない

特定役員とは，社長，副社長，代表取締役，代表執行者，専務取締役，常務取締役またはこれらに準ずる者で，経営に従事している者をいいます。この準ずる者とは，CEOやCOOのように役員または役員以外の者で，社長等と同等に法人の経営の中枢に参画している者をいい，法人税法上のみなし役員も含みます（法基通1-4-7）。

　また，合併法人の特定役員と被合併法人の特定役員を兼務している者がいる場合には，合併後も引き続きその者が合併法人の特定役員に就任している場合には，経営参画要件を満たすことになります。

> チェックポイント！

- ■ 執行役員は税務上の役員ではないことから，特定役員の対象外としていませんか。
    - ⇒ 会社法上の役員ではなくても，法人の経営の中枢に参画している者は，特定役員となるため，その役員の業務内容を確認する必要があります。
- ■ 分割法人の役員等が，そのまま分割承継法人の役員等に就任しただけでよいと判断していませんか。
    - ⇒ 分割法人の役員等（法令4の3⑧二）は，分割承継法人の役員等になればよいわけではなく，特定役員に就任する必要があります。
- ■ 株式交換や株式移転に伴い，人事異動が生じていませんか。
    - ⇒ 株式交換や株式移転が原因となって特定役員が退任すると経営参画要件を満たせません。もし退任している特定役員がいる場合には，株式交換や株式移転を起因とした退任か否か，その退任の理由を確認する必要があります。

2　株式継続保有要件

(1) 概　要

　共同で事業を経営するという観点からは，その支配株主にも共同事業への投資を継続してもらう必要があります。そこで，支配株主において

も，組織再編成により交付される全ての株式について，継続して保有することが求められています（法令4の3④五等）。再編後，適格連続再編でこの再編対価が移転する場合も，要件を満たす措置が設けられています。

また，無対価再編である場合は，例えば合併の場合，以下の算式で計算した株数を，保有していれば継続保有要件を満たすことになります（法規3条の2）。

$$\text{支配株主が当該再編直後に保有する合併法人等の株式の数} \times \frac{\text{支配株主の再編直後の被合併法人等株式の帳簿価額}}{\text{支配株主の再編直後の合併法人等株式の帳簿価額}\\ \text{（適格再編として計算した場合の合併法人等株式の帳簿価額）}}$$

また，組織再編税制は基本的に株式数をベースに設計されていますが，この株式継続保有要件については，議決権ベースでの判定とされています。ここにも共同で事業を行うという趣旨が反映されているといえます。

（2）組織再編成ごとの要件の特徴

① 合併（法令4の3④五）

被合併法人の支配株主には，合併により合併法人株式等が交付されますが，その交付された合併法人株式等は，共同事業への投資継続のメルクマールとして，その全株式の継続保有が要求されます。

② 分割型分割（法令4の3⑧六イ）

基本的には，合併と同様です。

③ 分社型分割（法令4の3⑧六ロ）

分割により分割承継法人株式の交付を受けるのは再編当事者である分割法人であるため，分割対価として交付を受けた分割承継法人株式等のすべての継続保有が要件です。

④ 現物出資（法令4の3⑮六）

分社型分割と同様です。

⑤　**株式交換**（法令4の3⑳五）

基本的には，合併と同様です。

また，株式交換制度は，100％親子関係を作り出すための組織再編成であることから，株式交換後に，完全親法人による完全子法人株式の100％継続保有が見込まれる必要があります。

⑥　**株式移転**（法令4の3㉔五）

基本的には，合併と同様です。ただ，株式移転完全子法人が2社以上存在する場合には，すべての完全子法人株式について，継続保有要件を満たす必要があります。

> チェックポイント！
>
> ■ 継続保有要件があるからといって，一切株式を譲渡してはいけないと思っていませんか。
> ⇒ 継続保有が求められるのは，組織再編成によって交付された株式が中心です。たとえば，支配株主が合併前から保有している合併法人株式は譲渡しても適格要件には影響しません。

3　非支配要件

スピンオフ（株式分配）は，独立して事業を行うための行為であり，支配株主がいないことを前提にしています。

そこで，特徴的な非支配要件という適格要件が用意されています。

具体的には，株式分配の直前に株式分配を行う法人と他の者との間に当該他の者による支配関係がなく，かつ，株式分配後は，完全子法人（分配された株式を発行している法人）と他の者との間に他の者による支配関係が生じないことが見込まれていること，です。

9 共同事業要件(2)   57

組織再編成に係る主要な事項の明細書

| 事業年度 | ・ ・ | 法人名 | | 付表 |

| 提出対象法人の区分、組織再編成の態様及び組織再編成の日 | 1 | 区分：被合併法人・合併法人・分割法人・分割承継法人・現物出資法人（株式交付以外）・被現物出資法人（株式交付以外）・株式交付親会社・現物分配法人・被現物分配法人（適格現物分配）・株式交換完全親法人・株式交換完全子法人・株式移転完全親法人・株式移転完全子法人 | 態様：合併・分割型分割（単独新設分割型分割以外）・単独新設分割型分割・分社型分割・中間型分割・現物出資（株式交付以外）・株式交付・現物分配（株式分配以外）・株式分配・株式交換・株式移転 | 組織再編成の日 ・ ・ |

【吹き出し】① どのような組織再編成か。

| 相手方の区分、名称及び所在地 | 2 | 区分：合併法人・被合併法人・分割承継法人・分割法人・被現物出資法人・現物出資法人（株式交付以外）・株式交付子会社・被現物分配法人・現物分配法人・株式交換完全子法人・株式交換完全親法人・株式移転完全子法人・株式移転完全親法人 | 名称 | 所在地 |

【吹き出し】③ 組織再編成により移転した資産負債は記載されているか。また、金額は記載されているか。

| 移転した（又は交付した）資産又は負債の明細 | 3 | 資産・負債の種類 | 価額等 |
| 移転を受けた資産又は負債の明細 | 4 | 資産・負債の種類 | 価額等 |

【吹き出し】② 適格判定は適性か。

適格判定に係る主要な事項

| 適格区分 | 5 | 適格（法第2条第　号該当）その他 |

【吹き出し】① （完全）支配関係の有無の判定は適性か。

株式保有関係	6	令第4条の3第　項第　号該当	株式の保有割合	組織再編成前	組織再編成後
			直接保有	％	％
			間接保有	％	％

| 従業者の数 | 7 | 組織再編成前　　　　人 | 組織再編成後　　　　人 |

| 組織再編成前の主要事業等 | 8 | | |
| 関連事業 | 9 | | （継続・関連） |

【吹き出し】② 各適格要件を満たしているか。

事業規模	10	指標：売上金額・資本金の額又は出資金の額・従業者の数・その他	左の指標による規模の比較
特定役員等の役職名及び氏名	11	組織再編成前の役職名	組織再編成後の役職名	氏名
支配株主の株式の保有状況	12	氏名又は名称	旧株数　　株	新株継続保有見込の有無　有・無
			株	有・無
			株	有・無
		（合計）		
		被合併法人等の発行済株式等の数	株	

（令和4事務年度　審理事務検収Ⅱ　資料 No.1）

10 無対価組織再編成の適格要件(1)

1　無対価組織再編成と税務

　会社法上では，被合併法人の株主に合併の対価を交付しないなど，組織再編成の対価を交付しないことも可能とされています（会749①二）。それに対し税法では，組織再編成の対価を交付しなかったことが，交付しなくても株主構成に影響を及ぼさないことによる対価交付の省略なのか，それともそれ以外の不交付なのか，により課税関係が区分されています。

　無対価組織再編成で適格組織再編成となるケースが再編手法ごとに詳細に規定されていますが，メルクマールは，有対価で組織再編成を行った場合と無対価で組織再編成を行った場合を比較し，その前後の株主構成に異動が生じるか否かです。異動が生じれば非適格，生じなければ適格（の可能性がある），と判断して差し支えないと思います。

> チェックポイント！
>
> ■　無対価組織再編成における適格要件の考え方を理解していますか。
> 　⇒　まずは，その組織再編成で対価を交付した場合の組織再編成後の株主構成を検討します。次に，その組織再編成が無対価で行われた場合の組織再編成後の株主構成を検討します。その両者の結果が同じになっていれば，基本的には，適格要件を満たす可能性のある無対価組織再編成であると理解できます。

2　組織再編成ごとの無対価要件

(1) 合併の場合

　無対価合併が行われた場合に，以下に該当し，その他の適格要件を満たせば，適格組織再編成となります。

① 　完全支配及び支配関係法人間の合併（法令4の3②一，二，4の3③一，二）

> イ　合併法人が被合併法人の発行済株式等の全部を保有する関係
> ロ　被合併法人及び合併法人の株主等（当該被合併法人及び合併法人を除く。）の全てについて，その者が保有する当該被合併法人の株式（出資を含む。以下この条において同じ。）の数（出資にあつては，金額。以下この条において同じ。）の当該被合併法人の発行済株式等（当該合併法人が保有する当該被合併法人の株式を除く。）の総数（出資にあつては，総額。以下この条において同じ。）のうちに占める割合と当該者が保有する当該合併法人の株式の数の当該合併法人の発行済株式等（当該被合併法人が保有する当該合併法人の株式を除く。）の総数のうちに占める割合とが等しい場合における当該被合併法人と合併法人との間の関係

　次頁の図表10－1のように，合併対価を交付してもしなくても，組織再編成後の資本関係に差異がない場合の無対価組織再編成が，対価の交付を省略しただけとして，適格組織再編成になり得ることになります。

　また，ロは，合併等に係る被合併法人等及び合併法人等の株主全てについて，その株主が保有する被合併法人等株式の保有割合と合併法人等株式の保有割合が等しい場合を指しています。この場合も，対価の交付の有無で株主構成に変動が生じないためです。

② 　共同事業を営むための適格合併（法令4の3④）

　共同事業要件で判定する無対価合併は，株式会社など資本を有する法人間の場合には，上記ロに掲げる関係があるものに限られます。ただし，そもそも持分のない医療法人など資本を有しない法人間の合併に関して

は，共同事業要件のうち，株式継続保有要件を除いて適格判定を行います。

> 図表10—1　対価の交付の省略とみられる場合①

被合併法人（C社）および合併法人（B社）の株主等（当該被合併法人および合併法人を除く。）（A社）の全てについて，
その者（A社）が保有する当該被合併法人（C社）の株式の数の当該被合併法人の発行済株式等（当該合併法人が保有する当該被合併法人の株式を除く。）の総数のうちに占める割合（100％）
と
当該者（A社）が保有する当該合併法人（B社）の株式の数の当該合併法人の発行済株式等（当該被合併法人が保有する当該合併法人の株式を除く。）の総数のうちに占める割合（100％）
とが等しい場合における当該被合併法人と合併法人との間の関係

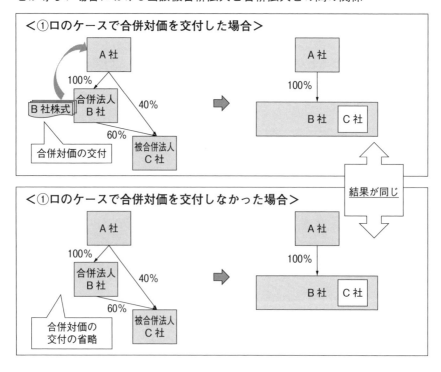

> **チェックポイント！**
>
> ■ 自らが100％出資している会社と親族が100％出資している会社では，完全支配関係があることから，無対価合併をしようとしていませんか。
> ⇒ このケースでは合併対価の交付の有無で各株主単位で持分割合に差が生じることから，対価交付を省略した適格組織再編成には該当しません。なお，抱合株式など法律上対価が交付できない場合にも無対価となります（「25　抱合株式(1)～概要」参照）。

（2）現物出資の場合

　会社法上，現物出資は組織再編行為ではないため，無対価が許容されていません。したがって，税務上も現物出資に関する無対価の規定はありません。

（3）株式交換の場合

　無対価株式交換が行われた場合に，以下に該当し，その他の適格要件を満たせば，適格組織再編成となります。

① 同一者による完全支配関係がある法人間の株式交換（法令4の3⑱二）

> 　株式交換完全子法人の株主（当該株式交換完全子法人及び株式交換完全親法人を除く。）及び株式交換完全親法人の株主等（当該株式交換完全親法人を除く。）の全てについて，その者が保有する当該株式交換完全子法人の株式の数の当該株式交換完全子法人の発行済株式等（当該株式交換完全親法人が保有する当該株式交換完全子法人の株式を除く。）の総数のうちに占める割合と当該者が保有する当該株式交換完全親法人の株式の数の当該株式交換完全親法人の発行済株式等の総数のうちに占める割合とが等しい場合における当該株式交換完全子法人と株式交換完全親法人との間の関係（次項及び第20項において「株主均等割合保有関係」という。）がある場合における当該完全支配関係に限る。

図表10-2　対価の交付の省略とみられる場合②

株式交換完全子法人（C社）の株主（当該株式交換完全子法人および株式交換完全親法人を除く。）（一の者）および株式交換完全親法人（B社）の株主等（当該株式交換完全親法人を除く。）（一の者）の全てについて，
その者（一の者）が保有する当該株式交換完全子法人（C社）の株式の数の当該株式交換完全子法人の発行済株式等（当該株式交換完全親法人が保有する当該株式交換完全子法人の株式を除く。）の総数のうちに占める割合（100％）
と
当該者（一の者）が保有する当該株式交換完全親法人（B社）の株式の数の当該株式交換完全親法人の発行済株式等の総数のうちに占める割合（100％）
とが等しい場合における当該株式交換完全子法人（C社）と株式交換完全親法人（B社）との間の関係がある場合における当該完全支配関係

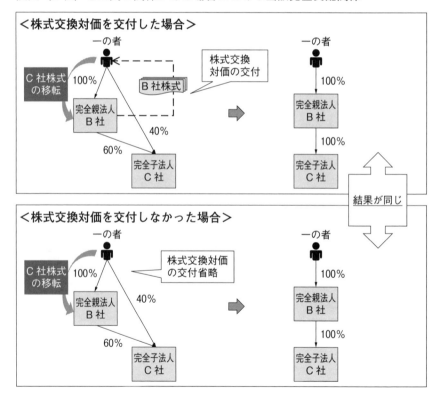

② 支配関係法人間及び共同事業を営むための株式交換（法令4の3⑲，⑳）

　支配関係法人間及び共同事業要件の株式交換における無対価の形態は，上記①の完全支配関係にある法人間のものと同様です。

（4）株式移転の場合

　株式移転は，新会社の設立が生じる組織再編成であり，その新会社の株式の交付は必ず生じます。したがって，無対価ということがありえないため，税務上も株式移転に関する無対価の規定はありません。

11 無対価組織再編成の適格要件(2)

　税務上の分割は，分割型分割と分社型分割に区分されますが，無対価分割がそのいずれに該当するかは，当事者の資本関係によります。

(1) 無対価分割型分割に該当する場合（法法２十二の九ロ）

・分割の直前において，分割承継法人が分割法人の発行済株式の全部を保有している場合（図表11－1）
・分割の直前において，分割法人が分割承継法人株式を保有していない場合（図表11－1）

　これは，分割前・分割後のいずれでも分割法人が分割承継法人株式を保有していないので，分割時に分割法人が対価として受領した分割承継法人株式は，そのまま分割法人の株主に配当されて，分割法人には残っていないと考えるしかないためです。

(2) 無対価分社型分割に該当する場合（法法２十二の十ロ）

・分割の直前において，分割法人が分割承継法人株式を保有している場合（分割承継法人が分割法人の発行済株式の全部を保有している場合を除く）（図表11－1）

図表11－1　無対価分割の区別

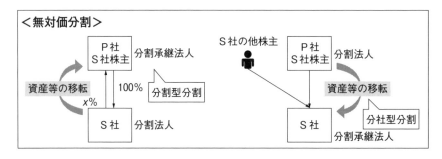

これは，分割後に分割法人が分割承継法人株式を保有しているので，分割法人に対価の交付があったと考えられるためです。
　このように，無対価分割が行われた場合には，まずは，その分割が分割型分割と分社型分割のいずれに該当するかどうかを判定します。その区分ごとに以下に該当し，その他の適格要件を満たせば，適格組織再編成となります。

①―1　完全支配関係法人間の分割（分割型分割）（法令4の3⑥一・二）

(1)　分割承継法人が分割法人の発行済株式等の全部を保有する関係
(2)　分割法人の株主等（当該分割法人及び分割承継法人を除く。）及び分割承継法人の株主等（当該分割承継法人を除く。）の全てについて，その者が保有する当該分割法人の株式の数の当該分割法人の発行済株式等（当該分割承継法人が保有する当該分割法人の株式を除く。）の総数のうちに占める割合と当該者が保有する当該分割承継法人の株式の数の当該分割承継法人の発行済株式等の総数のうちに占める割合とが等しい場合における当該分割法人と分割承継法人との間の関係

図表11―2　対価の交付の省略とみられる場合①

分割承継法人（P社）が分割法人（S社）の発行済株式等の全部を保有する関係

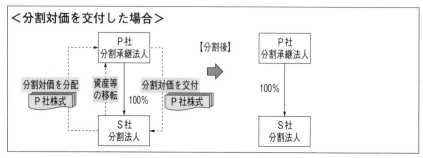

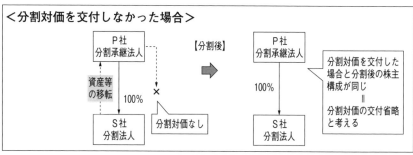

図表11－3　対価の交付の省略とみられる場合②

分割法人（S1社）の株主等（当該分割法人および分割承継法人を除く。）（P社）および分割承継法人（S2社）の株主等（当該分割承継法人を除く。）（P社）の全てについて，
その者（P社）が保有する当該分割法人（S1社）の株式の数の当該分割法人の発行済株式等（当該分割承継法人が保有する当該分割法人の株式を除く。）の総数のうちに占める割合（100％）
と
当該者（P社）が保有する当該分割承継法人（S2社）の株式の数の当該分割承継法人の発行済株式等の総数のうちに占める割合（100％）
とが等しい場合における当該分割法人（S1社）と分割承継法人（S2社）との間の関係

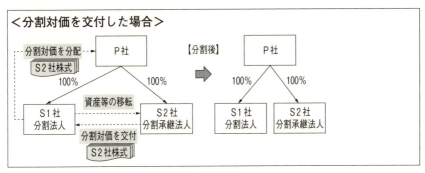

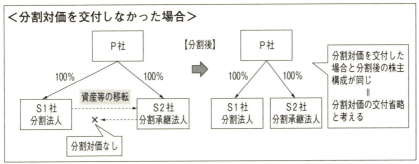

図表11-4　対価の交付の省略とみられる場合③

分割法人（B社）の株主等（当該分割法人および分割承継法人を除く。）（一の者）および分割承継法人（A社）の株主等（当該分割承継法人を除く。）（一の者）の全てについて、

その者（一の者）が保有する当該分割法人（B社）の株式の数の当該分割法人（B社）の発行済株式等（当該分割承継法人が保有する当該分割法人の株式を除く。）の総数のうちに占める割合（100%）

と

当該者（一の者）が保有する当該分割承継法人（A社）の株式の数の当該分割承継法人（A社）の発行済株式等の総数のうちに占める割合（100%）

とが等しい場合における当該分割法人（B社）と分割承継法人（A社）との間の関係

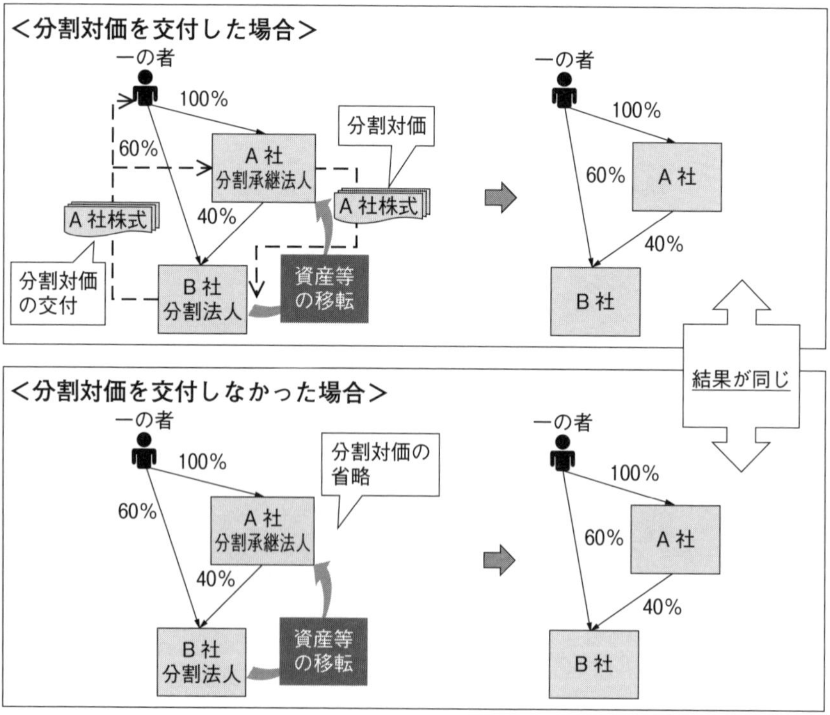

①-2　完全支配関係法人間の分割（分社型分割）（法令4の3⑥一・二）

分割法人が分割承継法人の発行済株式の全部を保有している場合（100%親会社から子会社への分割）

②－1　支配関係法人間の分割（分割型分割）（法令4の3⑦一・二）

> 分割法人の株主等（当該分割法人及び分割承継法人を除く。）及び分割承継法人の株主等（当該分割承継法人を除く。）の全てについて，その者が保有する当該分割法人の株式の数の当該分割法人の発行済株式等（当該分割承継法人が保有する当該分割法人の株式を除く。）の総数のうちに占める割合と当該者が保有する当該分割承継法人の株式の数の当該分割承継法人の発行済株式等の総数のうちに占める割合とが等しい場合における当該分割法人と分割承継法人との間の関係

②－2　支配関係法人間の分割（分社型分割）（法令4の3⑦一・二）

> 分割法人が分割承継法人の発行済株式の全部を保有している場合

このように，支配関係にある法人間の分割において，適格となり得る無対価分割は，①の完全支配関係にある法人間の無対価分割とほぼ同様となっています。

③　共同事業を営むための分割（法令4の3⑧）

> 1．上記②－1に掲げる関係がある分割型分割
> 2．分割法人の全てが資本若しくは出資を有しない法人である分割型分割
> 3．分割法人が分割承継法人の発行済株式等の全部を保有する関係がある分社型分割

共同事業要件で無対価が認められるのは，これら3つの類型のみです。持分なしの医療法人間の分割などは，ここに含まれます。

> **チェックポイント！**
>
> ■　100％親会社から子会社への無対価分割は，適格であり，税務上も会計上も簿価での移転であるため，申告調整が不要と思っていませんか。
>   ⇒　会計では，共通支配下の取引として，分割により親会社から子会社へ株主資本が移転し，分割法人である親会社では分割承継法人である子会社株式を認識しません。これに対して，税務上は，無対価分社型分割となり，有対価出資取引の省略形として整理されるため，分割法人である親会社では分割承継法人である子会社株式を増加させ，分割承継法人である子会社では資本金等の額の増加を認識します。

12　被合併法人の繰越欠損金

1　制度のあらまし

　適格合併が行われた場合は，被合併法人の未処理欠損金額は合併法人に引き継がれます。しかし，支配関係（50％超の持株関係）がある法人間の合併は，支配関係がない法人間の合併と比べ適格要件が緩やかであることから，被合併法人の欠損金の利用を目的として適格合併が行われることも想定されます。

　そこで，支配関係が5年以下の法人間での適格合併で，みなし共同事業要件を満たさないものは，被合併法人の未処理欠損金額について一定の引継制限を課しています。

　なお，完全支配関係がある法人の残余財産が確定した場合，合併と同様，その株主法人に清算法人の未処理欠損金額が引き継がれます。この欠損金の引継ぎについても，合併と同様の制限が課されています。

2　解説とチェックポイント

2−1　未処理欠損金額の引継ぎ

　適格合併があった場合には，被合併法人における未処理欠損金額（既に損金の額に算入されたものや欠損金の繰戻還付の計算の基礎となった

図表12−1　被合併法人の欠損金の帰属事業年度

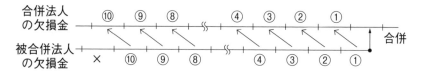

ものなどを除きます）は，被合併法人の未処理欠損金額が生じた各事業年度開始の日の属する合併法人の各事業年度（合併法人の合併事業年度開始の日以後に開始した被合併法人の事業年度において生じた未処理欠損金額は，合併事業年度の前事業年度）において生じた欠損金額とみなされます（法法57②）。

> **チェックポイント！**
>
> ■ 引き継がれた被合併法人の欠損金額も10（9）年繰越控除できると誤解していませんか。
> ⇒ 合併法人と被合併法人の決算期が異なる場合，繰越控除できる期間が1事業年度分短くなります。

2－2　未処理欠損金額の引継ぎが制限される合併

　被合併法人の未処理欠損金額の引継ぎが制限される合併は，合併法人と被合併法人（合併法人との間に支配関係があるものに限ります。以下同じです）との間で行われた適格合併で，次のいずれにも該当しないものです（法法57③，法令112③④）。

① 合併法人の適格合併の日の属する事業年度開始の日の5年前の日から継続して支配関係があること

② その適格合併がみなし共同事業要件を満たすこと

2－3　引継ぎが制限される金額

　被合併法人の未処理欠損金額の引継ぎが制限される金額は，被合併法人の前10年(注)内事業年度において生じた欠損金額のうち，次の金額とされています（法法57③，法令112⑤）。

① 被合併法人の支配関係事業年度前の各事業年度で前10年(注)内事

図表12-2　引継ぎが制限される被合併法人の未処理欠損金額

	支配関係事業年度前事業年度	支配関係事業年度以後の事業年度
被合併法人の未処理欠損金額	全額	特定資産譲渡等損失額からなる部分の金額

　　　　　■　引継制限が課される部分

業年度に該当する事業年度において生じた欠損金額（既に損金の額に算入されたものおよび欠損金の繰戻還付の計算の基礎となったもの等を除きます。②において同じです）

② 被合併法人の支配関係事業年度以後の各事業年度で前10年[注]内事業年度に該当する事業年度において生じた欠損金額のうち特定資産譲渡等損失額に相当する金額からなる部分の金額

特定資産譲渡等損失額は，支配関係発生日の属する事業年度開始の日前から被合併法人が有していた資産の譲渡損失等のことをいいます。詳しくは「15　被合併法人の特定資産譲渡等損失」を参照してください。

支配関係事業年度とは，合併法人と被合併法人との間に最後に支配関係があることとなった日の属する事業年度をいい，前10年[注]内事業年度とは，その適格合併に係る被合併法人のその適格合併の日前10年[注]以内に開始した各事業年度をいいます。

　　（注）　平成30年4月1日前に開始した事業年度において生じた欠損金額については前9年

> **チェックポイント！**

■　支配関係事業年度以後の未処理欠損金額で引継ぎが認められる場合

を理解していますか。
⇒ 特定資産譲渡等損失額がない事業年度の未処理欠損金額には引継制限が課されません。
■ 未処理欠損金額の引継制限に抵触しないことを検討しましたか。
⇒ 合併法人と被合併法人の支配関係が、合併事業年度開始日の5年前の日以後に生じている場合、みなし共同事業要件を満たさない限り、原則として未処理欠損金額の引継ぎが制限されます。

2−4 時価評価をした場合の特例
(1) 時価純資産超過額がある場合

　未処理欠損金額の引継ぎを制限する理由は、支配関係発生日の属する事業年度前における欠損金や含み損資産の損失を合併法人に持込みさせないためです。そうすると、被合併法人が欠損金を有していても、支配関係発生日の属する事業年度前において有する資産に含み益があれば、欠損金のうち含み益部分はもともと自社で利用できたものであり租税回避行為とはいえませんので、未処理欠損金額の引継制限を課す必要がありません。

　そこで、時価純資産超過額（被合併法人の支配関係事業年度の前事業年度終了の時における時価純資産価額が簿価純資産価額以上である場合の当該時価純資産価額から当該簿価純資産価額を減算した金額）が支配

図表12−3　未処理欠損金額の引継制限（時価評価特例）

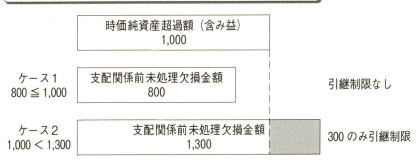

関係前未処理欠損金額（被合併法人等の当該支配関係事業年度開始の日前10年以内に開始した各事業年度において生じた欠損金額）を超える場合には，引継制限される金額はないものとされ（図表12―3ケース1），時価純資産超過額が支配関係前未処理欠損金額に満たない場合は，支配関係前欠損金額（2―3①の金額）のうち，その満たない金額相当額の欠損金の使用が制限されます（図表12―3ケース2）（法令113①一・二）。

（2）支配関係事業年度以後の損失がある場合

また，引継制限の対象とすべきものは，支配関係発生前事業年度終了時の未処理欠損金額と，支配関係発生日事業年度の前事業年度終了の時において有する資産の含み損が実現したことによる未処理欠損金額なので，支配関係事業年度以後に時価が下落等したことにより含み損が増加した場合の増加部分や，新たに含み損が生じた場合の損失部分による未処理欠損金額は規制の対象とする必要がありません。

そこで，被合併法人の含み損に相当する簿価純資産超過額（支配関係事業年度の前事業年度終了の時における時価純資産価額が簿価純資産価額に満たない場合のその満たない部分の金額）が，被合併法人等10年内事業年度のうち支配関係事業年度以後の各事業年度に生じた欠損金の特定資産譲渡等損失相当額の合計額より少ないときは，制限すべき含み損失を超えたその差額については規制の対象とはなりません（法令113①三）。なお，この場合は，支配事業年度前の欠損金額は全額引継制限されます。

> **チェックポイント！**
>
> ■ みなし共同事業要件を満たさない場合，時価評価特例を検討しましたか。
> ⇒ 未処理欠損金額の引継ぎが制限される場合であっても，支配関係事業年度前の事業年度終了時における含み損益の金額によって，引継制限が一部の金額とされたり，全く制限されなかったりします。なお，時価評価特例の適用は，合併事業年度の確定申告書等に計算書の添付と時価評価に関する書類等の保存が要件です（法令113②⑨）。

2－5　2年以内に適格組織再編成等があった場合

短期間に支配関係のある法人間で複数回の適格組織再編成等を利用した租税回避行為を防止するため，適格合併の日以前2年以内に行われた被合併法人を合併法人や分割承継法人などとする一定の適格組織再編成等で，みなし共同事業要件を満たさないものがあった場合には，引継制限の対象となる未処理欠損金額が増加することがあります（法令112⑥⑦・113⑧⑨）。

> **チェックポイント！**
>
> ■ 被合併法人において，合併の日前2年以内に適格組織再編成等を行っていませんか。
> ⇒ 未処理欠損金額の引継制限額が増える場合があります。

3 記載例

適格組織再編成等が行われた場合の調整後の控除未済欠損金額の計算に関する明細書

事業年度：令6・4・1～令7・3・31　法人名：合併法人A

別表七(一)付表一　令六・四・一以後終了事業年度分

適格組織再編成等が行われた場合の調整後の控除未済欠損金額

事業年度	欠損金の区分	控除未済欠損金額又は当該法人分の控除未済欠損金額 前期の別表七(一)「5」又は(4)、(7)若しくは別表七(一)付表三「5」若しくは付表四「5」 1	被合併法人等から引継ぎを受ける未処理欠損金額 適格合併等の別（適格合併・残余財産の確定） 適格合併の日： 被合併法人等の名称：	欠損金の区分	被合併法人等の未処理欠損金額 最終の事業年度の別表七(一)「5」又は(4)、(7)若しくは別表七(一)「5」 2	調整後の控除未済欠損金額 (1)+(2) 3
令3・4・1～令4・3・31	内	円	令3・4・1～令4・3・31	青色	0 円	円
令4・4・1～令5・3・31	内				0	
令5・4・1～令6・3・31	内			青色	1,100,000	1,100,000
: :	内					
: :	内					
: :	内					
: :	内					
: :	内					
計					1,100,000	1,100,000

支配関係がある法人との間で適格組織再編成等が行われた場合の未処理欠損金額又は控除未済欠損金額の調整計算の明細

適格組織再編成等の別　合併（適格）・非適格・残余財産の確定・適格分割・適格現物出資・適格現物分配　適格組織再編成等の日：令6・8・1
対象法人の別　被合併法人等・当該法人　名称：　　　　　支配関係発生日：令4・5・1

対象法人の事業年度	欠損金の区分	共同事業要件に該当する場合又は5年継続支配関係がある場合のいずれかに該当する場合 被合併法人等の未処理欠損金額又は当該法人の控除未済欠損金額 被合併法人等の最終の事業年度の別表七(一)「5」又は当該法人の前期の別表七(一)「5」 4	共同事業要件に該当する場合又は5年継続支配関係がある場合のいずれにも該当しない場合			
			被合併法人等の未処理欠損金額又は当該法人の控除未済欠損金額 被合併法人等の最終の事業年度の別表七(一)「5」又は当該法人の前期の別表七(一)「5」 5	支配関係事業年度以後の事業年度の特定資産譲渡等損失相当額以外の部分から成る欠損金額 (8)-(12) 6	引継ぎを受ける未処理欠損金額又は当該法人分の控除未済欠損金額 支配関係事業年度前の事業年度にあっては0、支配関係事業年度以後の事業年度にあっては(5)と(6)のうち少ない金額 7
令3・4・1～令4・3・31	青色	円	1,000,000 円	円	0 円
令4・4・1～令5・3・31	青色		2,500,000	0	0
令5・4・1～令6・3・31	青色		1,100,000	1,100,000	1,100,000
: :					
: :					
: :					
: :					
: :					
計			4,600,000	1,100,000	1,100,000

> 特定資産譲渡等損失相当額は引き継がれません。

> 支配関係事業年度前の事業年度の欠損金は利用できません。

支配関係事業年度以後の欠損金額のうち特定資産譲渡等損失相当額の計算の明細

対象法人の支配関係事業年度以後の事業年度	支配関係事業年度以後の保有資産の譲渡・評価損による損失の額の合計額 (支配関係事業年度以後のそれぞれの事業年度の別表七(一)「当期分の青色欠損金額」)	欠損金額のうち特定資産譲渡等損失相当額の計算			
		特定引継資産又は特定保有資産の譲渡等による損失の額の合計額 8	特定引継資産又は特定保有資産の譲渡等による利益の額の合計額 9	特定資産譲渡等損失相当額 (9)-(10) 又は別表七(一)付表二「5」 11	欠損金額のうち特定資産譲渡等損失相当額 (8)と(11)のうち少ない金額 12
令4・4・1～令5・3・31	内 2,500,000 円	3,000,000 円	円	3,000,000 円	2,500,000 円
令5・4・1～令6・3・31	内 1,100,000				
: :	内				
: :	内				
: :	内				
計	3,600,000	3,000,000		3,000,000	2,500,000

> **Column 3** 適格分割が否認され分割移転資産の時価が問題となった事例

　非適格再編において移転資産の時価が争われた事例があります（東京地裁令和5年7月20日）。
　A社は物流事業をB社に移転する分社型分割を実行しました。A社は適格再編と考え譲渡損益を計上しなかったのですが，これが調査で否認されました。実はその後A社は親会社X社に吸収合併され，その際にB社株式を外部に処分したのですが，これは既に再編時点で予定されていたと判断されたのです。つまり会社分割の時点で継続保有の見込みがなかったとして非適格分割に該当し，国が更正処分を行った際における移転資産の時価に争いが生じました。
　移転先会社であるB社はもともと協同組合で，会社分割に先立ち株式会社化していますが，協同組合の出資者向けの事業計画で事業価値を6億100万円と算定していたようです。国はこれが適正な時価だと認定しました。
　しかし，納税者は，第三者評価機関の意見書を裁判で事後的に提出し，この意見書における1,700万円の評価額を採用すべきと主張しました。6億100万円と算定した事業計画は自社が作成したものにもかかわらず，合理的・客観的な作成過程を経たものではないというわけです。
　東京地裁は，承継する資産負債の時価は，①独立当事者間の交渉により形成されたものと認められるか，②独立当事者間の組織再編と同程度の公正な手続を経て決定されたと認められるかについて検討したうえで，国の主張はいずれも認められないとして納税者の時価を是認しました。
　適格再編になるので時価が問題になるとは考えもしなかったでしょう。内部的に納得しやすい説明資料を作っただけのはずが，非適格となったために，納税者に不利益な資料として独り歩きすることになってしまいました。本件は納税者勝訴で確定していますが，そもそも適格要件をきちんと確認していなかったことは単純ミスといえます。
　適格要件に欠けることが税務調査で明らかになる事例は実務では少なくありません。適格要件の形式的なミスは救済がないため，適格要件をきちんと確認していなかった点は大いなる反省点です。そして，再編を円滑に進めるために見栄えの良い資料を作り，そのことが後で自分の首を絞めかねないことを明らかにしたとの意味で，他山の石としておくべき事例です。

（白井一馬）

13 合併法人の繰越欠損金

1 制度のあらまし

　適格合併などで被合併法人の帳簿価額により資産の引継ぎまたは取得（簿価移転）をすると，含み損益が合併法人に移転し，含み益資産を譲渡することで含み益を実現させ，合併法人の欠損金を使用することができます。つまり，被合併法人等の含み益と合併法人の欠損金を相殺させるという租税回避行為が行われることが想定されます。

　このため，適格合併等が一定の要件を満たさないときは，被合併法人の欠損金の引継ぎの制限だけでなく，合併法人の欠損金についても使用に制限が課されます。

　なお，次からは適格合併における合併法人の取扱いを中心に述べていますが，他の適格組織再編成等でも同様の取扱いがあります。

2 解説とチェックポイント

2－1 損金算入が制限される合併

　合併法人の繰越欠損金の使用に制限が課される合併は，支配関係（50％超の持株関係）のある法人間での適格合併と完全支配関係のある法人間の非適格合併で簿価移転が生じるもので，次のいずれにも該当しないものです（法法57④，法令112③④⑨⑩）。

① 合併法人の適格合併の日の属する事業年度開始の日の5年前の日から継続して支配関係があること

② その適格合併がみなし共同事業要件（みなし共同事業要件については「16　みなし共同事業要件」を参照）を満たすこと

13 合併法人の繰越欠損金　79

> **チェックポイント！**
>
> ■　株式買収などにより支配下に収めた子会社との間の適格合併で，支配関係が5年以下のものについて，みなし共同事業要件を確認していますか。
> ⇒　みなし共同事業要件を満たさない場合，欠損金額の使用に制限が課されることがあります。なお，支配関係のない法人間の適格合併の場合は，欠損金の使用に制限は課されません。

2－2　損金算入が制限される金額

　合併法人の欠損金のうち損金算入が制限される合併は，合併法人の前10年内事業年度において生じた欠損金額のうち，次の金額とされています（法法57④，法令112⑤⑪）。

① 　合併法人の支配関係事業年度前の各事業年度で前10年(注)内事業年度に該当する事業年度において生じた欠損金額（既に損金の額に算入されたものおよび欠損金の繰戻還付の計算の基礎となったもの等を除きます。②において同じ）

② 　合併法人の支配関係事業年度以後の各事業年度で前10年(注)内事業年度に該当する事業年度において生じた欠損金額のうち特定資産譲渡等損失額に相当する金額からなる部分の金額

　特定資産譲渡等損失額は，支配関係発生日の属する事業年度開始の日

図表13－1　使用が制限される合併法人の欠損金額

合併法人の欠損金	支配関係事業年度前事業年度	支配関係事業年度以後の事業年度
	全額	特定資産譲渡等損失額からなる部分の金額

■　使用制限が課される部分

前から合併法人が有していた資産の譲渡損のことをいいます。詳しくは「14　合併法人の特定資産譲渡等損失」を参照してください。

　支配関係事業年度とは，合併法人と被合併法人との間に最後に支配関係があることとなった日の属する事業年度をいい，前10年(注)内事業年度とは，その適格合併に係る合併法人のその適格合併の日前10年(注)以内に開始した各事業年度をいいます。

　　（注）　平成30年4月1日前に開始した事業年度において生じた欠損金額については前9年

> **チェックポイント！**
>
> ■　支配関係事業年度以後の欠損金で使用制限が課されない場合を理解していますか。
> 　⇒　特定資産譲渡等損失額がない事業年度の欠損金には使用制限が課されません。
> ■　被合併法人から引き継いだ資産の譲渡について，譲渡損の損金不算入のみに気を取られていませんか。
> 　⇒　譲渡損の場合は譲渡損の損金不算入に，譲渡益の場合は欠損金の使用制限に注意が必要です。

2－3　時価評価をした場合の特例
（1）時価純資産超過額がある場合

　欠損金の使用を制限する理由は，支配関係発生日の属する事業年度前に保有していた欠損金や含み損資産の損失を被合併法人の含み益などと相殺させるなど，合併法人に使用させないためです。そうすると，合併法人が欠損金を有していても，支配関係発生日の属する事業年度前において有する資産に含み益があれば，欠損金のうち含み益部分はもともと自社で利用できたものであり租税回避行為とはいえませんので，欠損金の使用制限を課する必要がありません。

13 合併法人の繰越欠損金　81

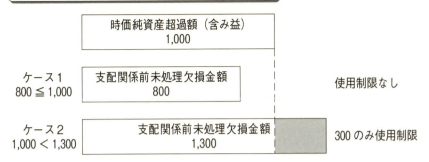

　そこで，時価純資産超過額（合併法人の支配関係事業年度の前事業年度終了の時における時価純資産価額が簿価純資産価額以上である場合の当該時価純資産価額から当該簿価純資産価額を減算した金額）が支配関係前事業年度末の未処理欠損金額（合併法人の当該支配関係事業年度開始の日前10年以内に開始した各事業年度において生じた欠損金額）以上の場合には，使用を制限しないものとされ（図表13―2ケース1），時価純資産超過額が支配関係前事業年度末の未処理欠損金額に満たない場合は，支配関係前欠損金額（2―2①の金額）のうち，その満たない金額相当額の欠損金の使用が制限されます（図表13―2ケース2）（法令113①一・二・④）。

（2）支配関係発生事業年度以後に損失がある場合

　また，規制の対象とすべき欠損金は，支配関係発生前事業年度の欠損金と，支配関係事業年度の前事業年度終了の時において有する資産における含み損が実現したことによる欠損金なので，支配関係発生事業年度以後に時価が下落等したことにより含み損が増加した場合の増加部分や，新たに含み損が生じた場合の損失部分による欠損金は規制の対象とする必要がありません。

　そこで，合併法人の含み損に相当する簿価純資産超過額（支配関係事業年度の前事業年度終了の時における時価純資産価額が簿価純資産価額

に満たない場合のその満たない部分の金額）が，10年内事業年度のうち支配関係事業年度以後に生じた欠損金の特定資産譲渡等損失相当額の合計額より少ないときは，制限すべき含み損失を超えたその差額については規制の対象とはなりません（法令113①三・④）。なお，この場合は，支配事業年度前の欠損金額は全額使用が制限されます。

> **チェックポイント！**
>
> ■ みなし共同事業要件を満たさない場合，時価評価特例を検討しましたか。
> ⇒ 未処理欠損金額の使用が制限される場合であっても，支配関係事業年度前の事業年度終了時における含み損益の金額によって，使用制限が一部の金額とされたり，全く制限されなかったりします。なお，時価評価特例の適用は，合併事業年度の確定申告書等に計算書の添付と時価評価に関する書類等の保存が要件です（法令113②⑨⑪）。

2－4　2年以内に適格組織再編成等があった場合

　短期間に支配関係のある法人間で複数回の適格組織再編成等を使用した租税回避行為を防止するため，適格合併の日以前2年以内に合併法人を合併法人や分割承継法人などとする一定の適格組織再編成等で，みなし共同事業要件を満たさないものがあった場合には，規制の対象となる欠損金が増加することがあります（法令112⑥⑦⑪・113⑧⑨⑪）。

> **チェックポイント！**
>
> ■ 合併法人において，合併の日前2年以内の適格組織再編成等を行っていませんか。
> ⇒ 欠損金の使用制限額が増える場合があります。

3 記載例

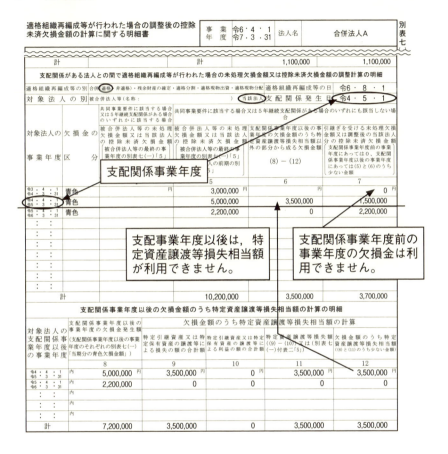

14 合併法人の特定資産譲渡等損失

1 制度のあらまし

　適格合併があった場合には，被合併法人の有する資産および負債は被合併法人の合併時の帳簿価額により合併法人に引き継がれます。このため，被合併法人から移転を受けた資産の含み益を実現させ，合併法人の損失と相殺させる租税回避が行われることが予想されます。

　このような租税回避行為を防止するため，合併が特定適格組織再編成等に該当する場合には，合併法人が保有する特定保有資産の譲渡等特定事由による損失については，損金不算入とされています。

　なお，次からは適格合併における合併法人の取扱いを中心に述べていますが，他の適格組織再編成等でも同様の取扱いがあります。

2 解説とチェックポイント

2－1 特定資産譲渡等損失額が損金不算入とされる場合

　内国法人と支配関係（50％超の持株関係）のある法人との間で内国法人を合併法人とする特定適格組織再編成等が行われた場合（特定組織再編成事業年度開始の日の5年前の日から継続してその内国法人とその支配関係法人との間に支配関係がある一定の場合を除きます）には，その内国法人の対象期間において生ずる特定資産譲渡等損失額は，その内国法人の損金の額に算入されません（法法62の7①，法令123の8①）。

　特定適格組織再編成等とは，適格合併もしくは完全支配関係のある法人間の非適格合併で簿価譲渡が生じるもの，適格分割，適格現物出資または適格現物分配のうち，みなし共同事業要件を満たさないものをい

| 図表14－1　対象期間 |

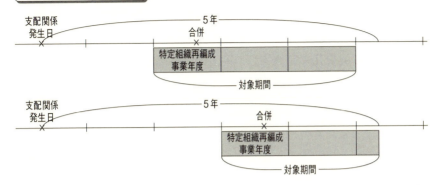

ます。

また，特定組織再編成等の日の属する事業年度を，特定組織再編成事業年度といいます。

対象期間とは，その特定組織再編成事業年度開始の日から，同日以後3年を経過する日と，その経過する日がその内国法人とその支配関係法人との間に最後に支配関係を有することとなった日以後5年を経過する日とのいずれか早い日までの期間をいいます。

> **チェックポイント！**
>
> ■ 株式買収などにより支配下に収めた子会社との間の適格合併で，支配関係が5年以下の場合，みなし共同事業要件を確認していますか。
> ⇒ みなし共同事業要件を満たさない場合，特定資産譲渡等損失額の損金不算入の適用がある場合があります。
>   なお，被合併法人が適格合併の日の属する事業年度開始の日の5年前の日後に設立された法人で，設立の日から合併法人と支配関係が継続している場合には，原則として損金不算入の取扱いは適用されません。

2－2　特定資産譲渡等損失額

　特定資産譲渡等損失額は，次の①の金額と②の金額の合計額をいいます（法法62の7②）。

① 　特定引継資産の譲渡等特定事由による損失額の合計額から特定引継資産の譲渡等特定事由による利益の額の合計額を控除した金額

② 　特定保有資産の譲渡等特定事由による損失額の合計額から特定保有資産の譲渡等特定事由による利益の額の合計額を控除した金額

> **チェックポイント！**
>
> ■ 　特定引継資産に係る損益と特定保有資産に係る損益を通算していませんか。
> 　⇒ 　特定引継資産間または特定保有資産間の損益は通算できますが，特定引継資産に係る損益と特定保有資産に係る損益は通算できません。

2－3　特定引継資産・特定保有資産

　特定引継資産とは，内国法人（合併法人）が支配関係法人（被合併法人）から特定適格組織再編成等により移転を受けた資産で，支配関係発生日（その支配関係法人がその内国法人との間に最後に支配関係を有することとなった日）の属する事業年度開始の日前から有していたものをいいます。

　特定保有資産とは，内国法人が支配関係日発生日の属する事業年度開始の日前から有していた資産をいいます。

　ただし，次の資産が除かれます（法法62の7②，法令123の8②）。

① 　棚卸資産（土地等を除きます）

② 　短期売買商品

③ 　売買目的有価証券

④ 特定適格組織再編成等の日における帳簿価額または取得価額が1,000万円未満の資産
⑤ 支配関係発生日の属する事業年度開始の日における価額が同日における帳簿価額を下回っていない資産
⑥ 非適格合併により移転を受けた譲渡損益調整資産以外の資産

なお，短期間に支配関係のある法人間の複数回の適格組織再編成等を利用した租税回避行為を防止するために，適格合併の日以前2年以内に合併法人または被合併法人を合併法人や分割承継法人などとする特定適格組織再編成等により移転があった資産で一定のものは，合併法人または被合併法人が支配関係発生日の属する事業年度開始の日前から有していた資産とみなされます（法令123の8③⑨）。

> チェックポイント！

■ 支配関係発生日の属する事業年度開始の日前から有している含み益資産は，無条件で除外資産に含まれると誤解していませんか。
⇒ 特定組織再編成事業年度の確定申告書等にその資産の時価およびその資産の帳簿価額等を記載した書類の添付をし，その時価の算定に関する書類を保存することが必要です（法令123の8②五）。
■ 合併法人において合併の日前2年以内に適格組織再編成等を行っていませんか。
⇒ 前の組織再編成で受け入れた資産が特定保有資産とみなされる資産に該当した場合，損金不算入額が増加する場合があります。

2—4　譲渡等特定事由等

損失の額の発生の起因となる譲渡等特定事由とは，特定引継資産または特定保有資産の譲渡等，評価換え等，貸倒れ等，除却などをいい，次の表に記載した除外特定事由に該当するものは除かれます（法令123の8④⑤）。

除外等特定事由に含まれるものの例
① 災害による資産の滅失または損壊
② 更生期間資産譲渡等（更生手続開始の決定があった場合において更生会社のその更生手続開始の決定の時から終了の時のまでの間に生じた資産の譲渡等特定事由）
③ 減価償却資産の除却で一定のもの
④ 譲渡損益調整資産の譲渡で譲渡損益の繰延べの規定の適用があるもの

　利益の額の発生の起因となる譲渡等特定事由とは，特定引継資産または特定保有資産の譲渡または評価換えなどの事由をいい，更生期間資産譲渡等，譲渡損益調整資産の譲渡で譲渡損益の繰延べの規定の適用があるものなどは含まれません（法令123の8⑥⑦）。

2−5　特定資産譲渡等損失額の計算の特例（時価評価特例）

　この制度の趣旨は，実現した特定保有資産の損失を利用した租税回避行為を防止することなので，合併法人の有する資産および負債を時価評価し，法人全体で含み益の方が多い場合などは，この制度を適用する必要はありません。

　そこで，合併法人の支配関係事業年度の前事業年度終了時における資産および負債を時価評価し，時価純資産額が簿価純資産額以上である場合は，その適用期間における特定保有資産に係る特定資産譲渡等損失額はないものとされます（法令123の9①一・④）。

　また，時価純資産額が簿価純資産額に満たない場合であっても，損金

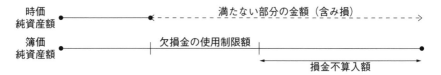

図表14−2　時価純資産額が簿価純資産額に満たない場合

不算入とすべき金額は，その満たない金額（含み損相当額）を上限とすれば足ります。この含み損相当額のうち特定組織再編成事業年度より前に生じた欠損金額のうち特定資産譲渡等損失相当額は，欠損金額の使用制限により既に損金不算入とされています。

そこで，含み損相当額から欠損金の使用制限額を差し引いた金額を限度として計算した特定資産譲渡等損失額が不算入とされます（法令123の9①二）。

時価純資産額とは，その有する資産の価額の合計額からその有する負債（新株予約権および新株引受権に係る義務を含みます）の価額の合計額を減算した金額をいい，簿価純資産額とは，その有する資産の帳簿価額の合計額からその有する負債の帳簿価額の合計額を減算した金額をいいます。

> **チェックポイント！**
>
> ■ みなし共同事業要件を満たさない場合，時価評価特例を検討しましたか。
> ⇒ 特定資産の譲渡等損失額の損金不算入の適用がある場合であっても，合併法人の支配関係事業年度前の事業年度終了時における含み損益の金額によって，損金不算入とされる金額が一部の金額とされたり，なかったりします。なお，時価評価特例は，合併事業年度の確定申告書等における計算書の添付と時価評価に関する書類等の保存が要件です（法令123の9②⑤）。

2－6　欠損等法人の場合の適用除外

合併法人が欠損等法人であり，かつ，特定適格組織再編成等が適用期間内に行われるものであるときは，法人税法60条の3第1項が適用されるため，内国法人の有する資産については，特定資産に係る譲渡等損失額の損金不算入規定は適用されません（法法62の7⑤⑥）。

15 被合併法人の特定資産譲渡等損失

1 制度のあらまし

　適格合併があった場合には，被合併法人の有する資産および負債は被合併法人の合併時の帳簿価額により合併法人に引き継がれます。このため，被合併法人から移転を受けた資産の含み損を実現させ，合併法人の所得と相殺させる租税回避が行われることが予想されます。

　このような租税回避行為を防止するため，合併が特定適格組織再編成等に該当する場合には，被合併法人から受け入れた特定引継資産の譲渡等特定事由による損失については，損金不算入とされています。

　なお，次からは適格合併における合併法人の取扱いについて述べていますが，他の適格組織再編成等でも同様の取扱いがあります。

2 解説とチェックポイント

2－1 特定資産譲渡等損失額が損金不算入とされる場合

　この内容は，「14　合併法人の特定資産譲渡等損失」と同様です。

2－2 特定資産譲渡等損失額

　この内容は，「14　合併法人の特定資産譲渡等損失」と同様です（法法62の7②③）。

2－3 特定引継資産・特定保有資産

　この内容は，「14　合併法人の特定資産譲渡等損失」と同様です。

> **チェックポイント！**
>
> ■ 被合併法人において合併の日前2年以内に適格組織再編成等を行っていませんか。
> ⇒ 前の組織再編成で受け入れた資産が特定引継資産とみなされる資産に該当した場合，損金不算入額が増加する場合があります。

2—4　譲渡等特定事由

ここの内容は，「14　合併法人の特定資産譲渡等損失」と同様です。

2—5　特定資産譲渡等損失額の計算の特例（時価評価特例）

　この制度の趣旨は，実現した特定引継資産の損失を利用した租税回避行為を防止することなので，被合併法人の有する資産および負債を時価評価し，法人全体で含み益の方が多い場合などは，もともと自社での含み損の利用が可能であるため，この制度を適用する必要はありません。

　そこで，被合併法人の支配関係事業年度の前事業年度終了時における資産および負債を時価評価し，時価純資産額が簿価純資産額以上である場合は，その適用期間における特定引継資産に係る特定資産譲渡等損失額はないものとされます（法令123の9①一・④）。

　また，時価純資産額が簿価純資産額に満たない場合であっても，損金不算入とすべき金額は，その満たない金額（含み損相当額）を上限とすれば足ります。この含み損相当額のうち特定組織再編成事業年度より前に生じた欠損金額のうち特定資産譲渡等損失相当額は，欠損金額の引継制限により既に損金不算入とされています。

　そこで，含み損相当額から欠損金の引継制限額を差し引いた金額を限度として計算した特定資産譲渡等損失額が不算入とされます（法令123の9①二・④）。

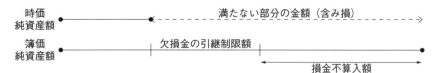

時価純資産額とは、その有する資産の価額の合計額からその有する負債（新株予約権および新株引受権に係る義務を含みます）の価額の合計額を減算した金額をいい、簿価純資産額とは、その有する資産の帳簿価額の合計額からその有する負債の帳簿価額の合計額を減算した金額をいいます。

> チェックポイント！
>
> ■ みなし共同事業要件を満たさない場合、時価評価特例を検討しましたか。
> ⇒ 特定資産の譲渡等損失額の損金不算入規定の適用がある場合であっても、被合併法人の支配関係事業年度前の事業年度終了時における含み損益の金額によって、損金不算入とされる金額が一部の金額とされたり、なかったりします。なお、時価評価特例は、合併事業年度の確定申告書等における計算書の添付と時価評価に関する書類等の保存が要件になります（法令123の9②）。

2―6 欠損等法人の場合の適用除外

被合併法人が欠損等法人であり、かつ、特定適格組織再編成等が適用期間内に行われるものであるときは、法人税法60条の3第1項が適用されるため、内国法人の有する資産については、特定資産に係る譲渡等損失額の損金不算入の規定は適用されません（法法62の7④）。

15　被合併法人の特定資産譲渡等損失　93

3　記載例

＜時価評価特例の適用がない場合＞

特定資産譲渡等損失額の損金不算入に関する明細書

事業年度	令6・4・1 令7・3・31	法人名	合併法人A	別表十四(七)令六・四・一以後終了事業年度分

当期中の対象期間	1	令6・4・1 令7・3・31	特定引継資産に係る特定資産譲渡等損失額の損金不算入額 ((11)－((16)又は(21)))又は((別表十四(七)付表二「6」)－(21))	6	円 4,000,000
特定適格組織再編成等の区分	2	適格合併	特定保有資産に係る特定資産譲渡等損失額の損金不算入額 ((14)－((23)、(28)、(30)、(33)又は(36)))又は((別表十四(七)付表二「11」)－(28))	7	0
特定適格組織再編成等の日	3	令6・8・1
特定適格組織再編成等に係る被合併法人等の名称	4	被合併法人B
支配関係発生日	5	令4・5・1	特定資産譲渡等損失額の損金不算入額 (6)＋(7)	8	4,000,000

特定引継資産又は特定保有資産に係る特定資産譲渡等損失額の損金不算入額の計算

(1)の期間における特定引継資産の譲渡等による損失の額	9	円 7,000,000	(1)の期間における特定保有資産の譲渡等による損失の額	12	円 2,500,000
(1)の期間における特定引継資産の譲渡等による利益の額	10	3,000,000	(1)の期間における特定保有資産の譲渡等による利益の額	13	6,500,000
特定引継資産に係る特定資産譲渡等損失額 (9)－(10)	11	4,000,000	特定保有資産に係る特定資産譲渡等損失額 (12)－(13)	14	0

特定引継資産に係る損失と特定保有資産に係る利益とは通算できません。

＜時価評価特例がある場合＞

II 時価純資産価額及び簿価純資産価額等に関する明細書

時価純資産価額及び簿価純資産価額等の算定の対象となる法人名	1	被合併法人B	(1)の法人の支配関係事業年度の前事業年度		令3・4・1 令4・3・31	
特定資産譲渡等損失額からの控除額の計算に係る特定引継資産又は特定保有資産の別	2	⓪特定引継資産　特定保有資産	(5)の支配関係事業年度の前事業年度終了の時における時価純資産価額又は特定適格組織再編成等の直前における時価純資産価額 (18の①)－(29の①)	6		円 1,430,000,000
特定適格組織再編成等の日	3	令6・8・1	(5)の支配関係事業年度の前事業年度終了の時における簿価純資産価額又は特定適格組織再編成等の直前における簿価純資産価額 (18の②)－(29の②)	7		1,183,000,000
支配関係発生日	4	令4・5・1				

支配関係事業年度の前事業年度終了の時における時価純資産価額及び簿価純資産価額又は特定適格組織再編成等の直前における時価資産価額及び簿価資産価額の明細

資　産					負　債			
名　称　等		時　価 ①		帳簿価額	名　称　等		時　価 ①		帳簿価額 ②

特定資産譲渡等損失額の損金不算入に関する明細書

事業年度　令6・4・1／令7・3・31　法人名　合併法人A　別表十四(七)　令六・四・一以後終了事業年度分

当期中の対象期間	1	令6・4・1 令7・3・31	特定引継資産に係る特定資産譲渡等損失額の損金不算入額 ((11)－((16)又は(21)))又は((別表十四(七)付表二「6」)－(21))	6	0 円
特定適格組織再編成等の区分	2	適格合併	特定保有資産に係る特定資産譲渡等損失額の損金不算入額 ((14)－((23)、(28)、(30)、(33)又は(36))) 又は((別表十四(七)付表二「11」)－(28))	7	0
特定適格組織再編成等の日	3	令6・8・1			
特定適格組織再編成等に係る被合併法人等の名称	4	被合併法人B	特定資産譲渡等損失額の損金不算入額 (6)＋(7)	8	
支配関係発生日	5	令4・5・1			

特定引継資産又は特定保有資産に係る特定資産譲渡等損失額の損金不算入額の計算

(1)の期間における特定引継資産の譲渡等による損失の額	9	7,000,000 円	(1)の期間における特定保有資産の譲渡等による損失の額	12	2,500,000 円
(1)の期間における特定引継資産の譲渡等による利益の額	10	3,000,000	(1)の期間における特定保有資産の譲渡等による利益の額	13	6,500,000
特定引継資産に係る特定資産譲渡等損失額 (9)－(10)	11	4,000,000	特定保有資産に係る特定資産譲渡等損失額 (12)－(13)	14	0

特定引継資産又は特定保有資産に係る特定資産譲渡等損失額からの控除額の計算

特　定　引　継　資　産				特　定　保　有　資　産			
時価純資産超過額がある場合	時価純資産超過額 (被合併法人等の別表十四(七)付表一「6」－「7」)	15	247,000,000 円	時価純資産超過額がある場合	時価純資産超過額 (当該法人の別表十四(七)付表一「6」－「7」)	22	円
	特定引継資産に係る特定資産譲渡損失額からの控除額 (11)	16	4,000,000		特定保有資産に係る特定資産譲渡損失額からの控除額 (14)	23	
簿価純資産超過額				簿価純資産超過額			

> **Column 4** TPR事件

　TPR事件（東京高裁令和元年12月11日判決）は，法人税法132条の2（組織再編成に係る行為又は計算の否認）の適用事例であり，繰越欠損金の引継ぎについて新しいメルクマールが出てきたことに特徴があります。

　事件の内容は，TPRという親会社が，100％子会社であるテーピアルテックを吸収合併した際に，5年超の継続支配関係があるにもかかわらず，法人税法132条の2の適用により，繰越欠損金の引継ぎが否認されたというものです。

　ただ，TPRは，テーピアルテックという同じ名前の子会社を合併前に設立しておき，合併で吸収した雇用や事業すべてをその新会社に合併と同じタイミングで移管しました。また，製造施設などは新会社に賃貸しています。

　このようなことから，実態としては繰越欠損金約12億円を取り込むためだけの合併であったと，判断されてしまったわけです。「合併の主たる目的が本件未処理欠損金額の引継ぎにあり，そのこと以外に本件合併の一連の経過を行うことの合理的な理由となる事業目的その他の事由の存在を認めることはできない」という判断でした。

　また，ヤフー事件（P.11参照）で示された個別規定の趣旨目的に反しているかどうかという観点からは面白いものが出てきました。「完全支配関係にある法人間の適格合併（略）においても，被合併法人から移転した事業が継続することを要するものと解するのが相当である」として，100％親子会社間の合併であっても合併法人への事業の移転と継続が，繰越欠損金の引継ぎの要件の1つであるとされました。当然，条文上では明記されていない要件でありますが，そのように解すべきだとの判断です。

　　　　　　　　　　　　　　　　　　　　　　　　　　　（村木慎吾）

16 みなし共同事業要件

1 制度のあらまし

　適格組織再編成があった場合，移転元法人の資産および負債は移転先法人に移転元法人の帳簿価額により移転することから，含み損益もあわせて移転することになります。また，適格合併の場合や完全支配関係がある他の内国法人の残余財産が確定した場合には，未処理欠損金額が引き継がれます。
　しかし，支配関係のある法人間では適格要件が緩和されているため，適格組織再編成を使った租税回避行為が予想されます。
　そこで，支配関係のある法人間の組織再編成のうち支配関係が5年超経過していないなど一定のものは，共同事業要件と同等の要件をクリアした場合に限り，各種の制限規定を適用しないこととされています。この共同事業要件と同等の要件が，みなし共同事業要件と呼ばれるものです。

2 解説とチェックポイント

2-1 みなし共同事業要件

　みなし共同事業要件とは，適格合併のうち，次の①から④までに掲げる要件または①と⑤に掲げる要件に該当するものをいいます（法令112③）。

　① 事業関連性要件
　② 事業規模類似要件
　③ 被合併事業規模継続要件
　④ 合併事業規模継続要件
　⑤ 特定役員要件

> チェックポイント！

■ 支配関係が5年以下であっても合併法人と被合併法人がそれぞれ欠損金額を有していないことから，みなし共同事業要件の判定を省略していませんか。
⇒ 特定資産譲渡等損失額が生じる可能性がありますので，みなし共同事業要件の判定をすることはもちろん，それぞれの法人の時価評価特例の検討もすべきです。

2－2　事業関連性要件

　適格合併に係る被合併法人の被合併事業とその適格合併に係る合併法人（新設合併の場合は，その適格合併に係る他の被合併法人）の合併事業とが相互に関連するものであることを要求するものです（法令112③一）。

　被合併事業とは，その被合併法人のその適格合併の前に営む主要な事業のうちのいずれかの事業をいいます。

　合併事業とは，その合併法人のその適格合併の前に営む事業（新設合併法人である場合にあっては，その適格合併に係る他の被合併法人の被合併事業）をいいます。詳細は「⑧　3　事業関連性要件」を参照してください。

> チェックポイント！

■ 被合併事業と合併法人の営む主要な事業とが相互に関連しないことから，事業関連性要件を満たさないと判定していませんか。
⇒ 合併事業とは合併法人の適格合併前に営む事業をいい，それが合併法人の主たる事業であるかどうかは問いません。

2－3　事業規模類似要件

　被合併事業と合併事業（その被合併事業と関連する事業に限ります）

のそれぞれの売上金額，従業者の数，被合併法人と合併法人のそれぞれの資本金の額もしくは出資金の額またはこれらに準ずるものの規模の割合がおおむね5倍を超えないことを要求するものです（法令112③二）。詳細は，「⑨　1　規模要件または経営参画要件」を参照してください。

> **チェックポイント！**
>
> ■　被合併事業と合併事業の売上金額，従業者数または資本金の額のいずれかの割合が5倍を超えることをもって，事業規模類似要件を満たさないものと判定していませんか。
> ⇒　いずれかの割合が5倍以下であれば事業規模類似要件を満たします。ただし，適用した指標は，被合併事業規模継続要件と合併事業規模継続要件でも利用することになります。

2—4　被合併事業規模継続要件

　被合併事業が被合併法人支配関係発生時からその適格合併の直前の時まで継続して営まれており，かつ，その被合併法人支配関係発生時とその適格合併の直前の時におけるその被合併事業の規模（2—3の事業規模類似要件の割合の計算の基礎とした指標です）の割合がおおむね2倍を超えないことを要求するものです（法令112③三）。

　被合併法人支配関係発生時とは，その適格合併に係る被合併法人と合併法人との間に最後に支配関係があることとなった時をいいます。

　ただし，その被合併法人がその時からその適格合併の直前の時までの間にその被合併法人を合併法人等（合併法人，分割承継法人または被現物出資法人をいいます）とする適格合併等（適格合併，適格分割または適格現物出資をいいます）により被合併事業の全部または一部の移転を受けている場合には，その適格合併等の時のことをいいます。

2－5　合併事業規模継続要件

　合併事業が合併法人支配関係発生時から当該適格合併の直前の時まで継続して営まれており，かつ，その合併法人支配関係発生時とその適格合併の直前の時におけるその合併事業の規模（2－3の事業規模類似要件の割合の計算の基礎とした指標です）の割合がおおむね2倍を超えないことを要求するものです（法令112③四）。

　合併法人支配関係発生時は，その適格合併に係る合併法人と被合併法人との間に最後に支配関係があることとなった時をいいます。

　ただし，その合併法人がその時からその適格合併の直前の時までの間にその合併法人を合併法人等とする適格合併等により合併事業の全部または一部の移転を受けている場合には，その適格合併等の時のことをいいます。

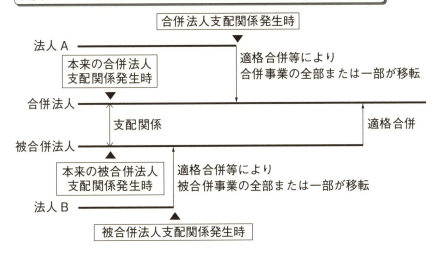

図表16－1　被合併法人支配関係発生時と合併法人支配関係発生時

2－6　特定役員要件

　適格合併前に合併法人の特定役員であったものと被合併法人の特定役員であったものが，適格合併後においてともに合併法人の特定役員にな

ることが見込まれていることを要求するものです（法令112③五）。

　これらの特定役員は，合併法人と被合併法人との間に最後に支配関係があることとなった日前において経営従事役員であることが必要です。

図表16—2　特定役員要件（適格合併）

	支配関係発生日前	合併前	合併後（見込み）
合併法人	経営従事役員	特定役員	特定役員
被合併法人	経営従事役員	特定役員	特定役員

　特定役員とは，社長，副社長，代表取締役，代表執行役，専務取締役もしくは常務取締役またはこれらに準ずる者で法人の経営に従事している者をいい，経営従事役員とは，経営に従事している役員をいいます。

> **チェックポイント！**
>
> ■ 事業の移転しない適格分割についてみなし共同事業要件を満たすとした処理をしていませんか。
> ⇒　事業の移転しない適格分割や適格現物出資，適格現物分配は，事業規模要件等を充足できないため，みなし共同事業要件を満たしません。
> ■ みなし共同事業要件を満たすため形式だけ整えていませんか。
> ⇒　みなし共同事業要件は，その実態が重要です。たとえば特定役員の要件を満たす目的で支配関係発生直前に合併法人の社長を被合併法人の副社長に就任させるなど，形式的に要件を充足したと認められる場合は，法人税法132条の2（組織再編成に係る行為又は計算の否認）の規定により，要件を満たしていないとされる可能性があります。

2—7　適格分割・適格現物出資におけるみなし共同事業要件

　適格分割と適格現物出資の場合のみなし共同事業要件の判定にあたっては，「適格合併」を，「適格分割」または「適格現物出資」と読み替えて対応します。

16 みなし共同事業要件　101

ただし，特定役員要件においては，適格分割または適格現物出資では，分割法人または現物出資法人のその分割前または現物出資前において経営従事役員であれば足り，特定役員であることを要求する適格合併と異なります（法令112⑩）。

図表16－3　特定役員要件（適格分割）

	支配関係発生日前	分割前	分割後（見込み）
分割承継法人	経営従事役員	特定役員	特定役員
分割法人	経営従事役員	経営従事役員	特定役員

3　記載例

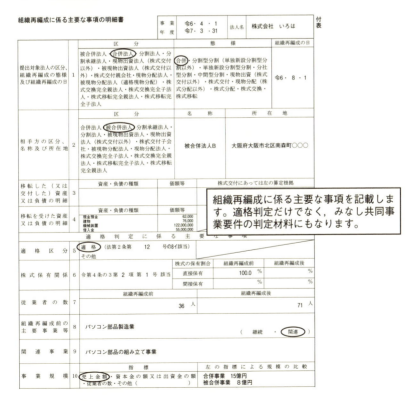

組織再編成に係る主要な事項を記載します。適格判定だけでなく，みなし共同事業要件の判定材料にもなります。

17 欠損等法人(1)

1 制度の概要

　この制度は，繰越欠損金を有する赤字会社などを利用した租税回避を防止するため，繰越欠損金や含み損資産を有する法人を第三者から買収した場合において，その法人が有する繰越欠損金や含み損失の損金算入を制限するものです。

　この規定の対象となる法人を欠損等法人と呼んでいます。欠損等法人が，買収された日，つまり，特定支配関係が生じた日（特定支配日）以後5年を経過した日の前日までに，一定の事由に該当した場合には，その該当した日の属する事業年度（適用事業年度）以後は，それ以前に生じた欠損金額については繰越しが認められません（法法57の2）。

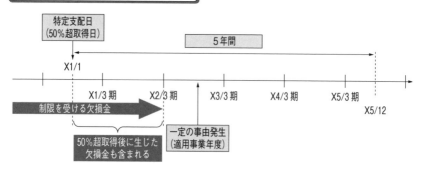

図表17－1　制限を受ける欠損金

　また，繰越欠損金だけでなく，含み損失の実現による租税回避への対応もされています。欠損等法人において，適用事業年度開始の日から一定期間内に特定資産に生じた損失は損金の額に算入されません（法法60の3）。

17 欠損等法人(1)　103

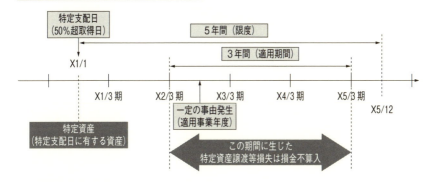
図表17−2　制限を受ける含み損

> **チェックポイント！**
>
> ■ 租税回避の意図がないことから，欠損等法人の制限規定の対象にならないと思っていませんか。
> 　⇒　この規定の趣旨は，繰越欠損金などを有する赤字会社を利用した租税回避を防止することですが，租税回避の意図がない場合でも，適用要件に当てはまれば制限を受けることに注意が必要です。
> ■ 買収日前の繰越欠損金が制限の対象と思っていませんか。
> 　⇒　制限の対象となる繰越欠損金は，一定の事由が生じた事業年度前に生じたものです。買収後に生じた繰越欠損金も対象になりますので，注意が必要です。

2　用語の意義

（1）欠損等法人（法法57の2①）

　欠損等法人とは，他の者による特定支配関係を有することとなったもののうち，この特定支配関係が生じた日（支配日）の属する事業年度（特定支配事業年度）において，特定支配事業年度前に生じた繰越欠損金または評価損資産を有する法人をいいます。つまり，特定支配事業年度開始の日において繰越欠損金や評価損資産を有する法人が欠損等法人です。

（２）特定支配関係（法令113の3①〜④）

　特定支配関係とは，他の者と欠損等法人との間のその他の者による支配関係をいいます。買収により赤字会社を利用するのが典型例であるため，50％超の株数を保有した状況を対象としています。

　また，適格組織再編成により生じた関係は，特定支配関係には該当しないこととされています（法令113の3⑤一）。これは，適格組織再編成時に繰越欠損金や特定資産譲渡等損失の制限規定が課されているため，さらなる制限規定を適用する必要がないためです。

　また，法的整理，私的整理における債務処理計画に基づいて支配関係が新たに生じる場合も，特定支配関係には該当しません（法令113の3⑤二）。円滑な再生を進めるため，繰越欠損金などに制限をかけないための措置です。

（３）評価損資産（法令113の3⑥）

　評価損資産とは，特定支配事業年度開始の日における時価がその帳簿価額に満たないものをいいます。その対象資産は，以下のとおりですが，特定支配事業年度開始日の時価がその帳簿価額に満たない金額，つまり，含み損失が，法人の資本金等の額の2分の1と1,000万円のいずれか少ない金額に満たないものは，影響が小さいことから，評価損資産から除外されています。この定義は，グループ通算制度における時価評価対象資産と同様です。

資産の区分	単位
金銭債権	一の債務者ごと
建物	一棟ごと
機械および装置	一の生産設備または一台もしくは一基（通常一組または一式をもって取引の単位とされるものにあっては，一組または一式）ごと
その他の減価償却資産	建物，機械および装置に準じて
土地（土地の上に存する権利を含みます）	土地を一筆（一体として事業の用に供される一団の土地にあっては，その一団の土地）ごと
有価証券（売買目的，償還有価証券を除きます）	銘柄ごと
資金決済に関する法律第2条第5項（定義）に規定する暗号資産	種類の異なるごと
その他の資産	通常の取引の単位を基準として区分する

（4）特定資産に生じた損失（法法60の3）

　特定資産とは，欠損等法人が特定支配事業年度開始の日において有する資産と他の者やその関連者から適格組織再編成等により移転を受けた資産のうち，上記の表に掲げるものです。ただし，その含み損益が，法人の資本金等の額の2分の1と1,000万円いずれか少ない金額に満たないものは除かれます。特定資産は，含み益資産も含む概念であることに注意が必要です。

　この特定資産について，一定の期間内に「譲渡，評価換え，貸倒れ，除却その他これらに類する事由」により生じた損失が制限の対象となります。

> チェックポイント！

- 特定支配関係の判定を，議決権ベースでしていませんか。
  ⇒ 特定支配関係の判定は，議決権割合ではなく，株式数ベースで行います。また，発行済株式数からは自己株式は除かれます。
- 一定の事由が生じた時に繰越欠損金を保有しているため，制限がかかると思っていませんか。
  ⇒ 欠損等法人が対象法人であるため，特定支配事業年度開始日において繰越欠損金や含み損資産を保有していない法人は，その後に繰越欠損金が生じても，制限の対象外となります。
- 私的整理の対象となっている法人が保有する赤字子会社の株式を譲渡しても，その購入者との特定支配関係は生じないと思い込んでいませんか。
  ⇒ 欠損等法人の例外である私的整理の対象法人であっても，その子会社までは例外規定が手当されていません。そのため，赤字子会社の株式を譲渡した場合には，その購入者との間に特定支配関係が生じることがあります。
- 特定資産から生じた損失のすべてを制限の対象にしていませんか。
  ⇒ 同一事業年度に特定資産の譲渡により生じた譲渡益などを相殺したうえで，残る損失のみが制限の対象になります。
- 特定支配関係はグループで1つということを理解していますか。
  ⇒ グループ内において複数の支配関係がある場合でも，特定支配関係は1種類のみ，ということに注意が必要です。
     たとえば，以下の図ではAによる支配関係とBによる支配関係

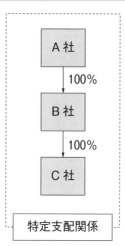

がありますが，特定支配関係としては，Aによる特定支配関係しか存在せず，Bによる特定支配関係は存在しないことになります。

つまり，常に最上位の者による特定支配関係のみが存在すると考えます。

そのため，以下のような場合には，Bによる特定支配関係が新たに生じたことになります。

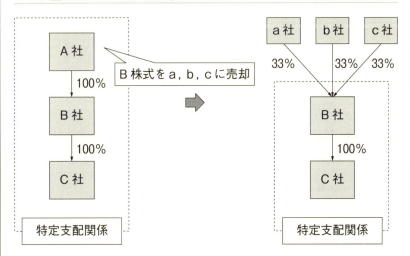

実務的には，自社の直接の株主である親法人の異動のみではなく，そのうえの株主構成まで確認しておく必要があります。

18 欠損等法人(2)

1 制限対象期間

(1) 繰越欠損金

　欠損等法人であっても，一定の期間が経過した後であれば，適用事由に該当しても繰越欠損金の制限は課されません。

　この一定の期間とは，支配日から以下のうちいずれか早い日までとなります（法法57の2①，法令113の3⑦⑧⑨）。

①	支配日以後5年を経過した日の前日
②	特定支配関係を有しなくなった日
③	欠損等法人の債務につき，繰越欠損金および含み損（含み益控除後）のおおむね90％（債務の50％超が債務免除された場合には50％）を超える債務免除益等が生じた日
④	更生手続開始の決定等のあった日
⑤	解散した日（支配日前の解散および合併による解散を除く）

(2) 評価損資産

　評価損資産に生じた損失も，一定の期間が経過した後であれば，適用事由に該当しても制限は課されません。

　この一定の期間とは，適用事業年度開始の日から以下のうちいずれか早い日までとなります（法法60の3①）。

①	適用事業年度開始の日から3年を経過する日
②	支配日以後5年を経過する日
③	グループ通算制度の適用上，資産に係る時価評価損益の計上が行われる場合には，グループ通算開始直前事業年度終了日または加入直前事業年度終了日

| ④ | 非適格株式交換等により，資産に係る時価評価損益の計上が行われる場合には，時価評価損益の計上事業年度終了日 |

2 適用事由

制限対象期間内に，次の「一定の事由（適用事由）」が生じた場合は，繰越欠損金や特定資産の譲渡等損失の制限がなされます。

①	事業の再開
②	事業の廃止と資金の借入
③	欠損等法人の債権低額取得と資金借入
④	①，②，③の場合に，適用事由に該当する前に行われる適格合併または残余財産の確定
⑤	リストラと事業規模の拡大

(1) 事業の再開（法法57の2①一）

支配日前において事業を営んでいないまたは清算中である場合において，支配日以後に事業を開始するまたは清算法人が継続すると，特定事由に該当します。

繰越欠損金を有する休眠会社を買収し，新たに事業を開始したケースが典型例になります。

> チェックポイント！
>
> ■ 赤字会社を買収し，組織再編成により事業を引き継いでいませんか。
> ⇒ 事業の開始とは，新たな事業を開始するだけではなく，組織再編成等により事業を承継することも含まれます。

(2) 事業の廃止と資金の借入（法法57の2①二）

支配日直前において営む事業（旧事業）のすべてを支配日以後に廃止しまたは廃止する見込みである場合において，支配日直前の旧事業の事業規模のおおむね5倍を超える資金の借入れまたは出資の受入れを行う

と，特定事由に該当します。

　この出資の受入れには，合併や分割による資産の受入れも含まれます。

　繰越欠損金を有する会社を買収した後，資金を投入し，事業をすべてリニューアルしたケースが典型例になります。

　5倍を超えるか否かについては，事業の種類に応じて，旧事業と新事業の収入金額または事業資金を対象に行います。また，その計算の詳細は，法人税法施行令113条の3⑩に定められています。

> **チェックポイント！**
>
> ■　旧事業を廃止し，新たに資金投入したからといって，適用事由に該当すると判断していませんか。
> 　⇒　(2)の適用事由は，旧事業のすべてを廃止した場合が該当します。旧事業の一部でも継続していれば，適用事由には形式上該当しません。
> ■　欠損等法人の旧事業が適格合併などにより他社へ引き継がれることから，旧事業をすべて廃止したと判断していませんか。
> 　⇒　合併などにより他社へ旧事業が引き継がれていれば，旧事業の廃止とは考える必要はないと思われます。

(3) 欠損等法人の債権低額取得と資金借入　(法法57の2①三)

　他の者または当該他の者の関連者が当該他の者または関連者以外の者から欠損等法人に対する特定債権を取得している場合（支配日前に特定債権を取得している場合を含みます）において，その欠損等法人が支配日直前の旧事業の事業規模のおおむね5倍を超える資金の借入れまたは出資の受入れを行うと，特定事由に該当します。

　この特定債権とは，欠損等法人に対する債権で，その取得価額がその債権額の50％未満であり，かつ，その債権の額の取得の時におけるその欠損等法人の債務総額のうちに占める割合が50％超である場合の債権をいいます。

　株式の買収と債権取得をセットで行い，新規資金を投入したケースが

典型例になります。

　なお，この適用事由は，通常であれば債務免除が必要な会社で生じるべき債務免除益を生じさせず，繰越欠損金を新規事業で利用することを防止するためのものです。そのため，その特定債権につきその支配日以後に債務免除やデットエクイティスワップを行うことが見込まれている場合は適用事由に該当しません。

> **チェックポイント！**
>
> ■　買い取った債権のすべてが，特定債権に該当すると思っていませんか。
> ⇒　特定債権は，額面金額の50％未満で買い取り，その結果，欠損等法人の債務総額の50％超を占める主要債権者になった場合の債権をいいます。

（4）適用事由に該当する前に行われる適格合併または残余財産の確定（法法57の2①四）

　以下の場合に，欠損等法人の繰越欠損金や含み損失が引き継がれる適格合併または残余財産の確定があると，特定事由に該当します。

(1)	欠損等法人が支配日前において事業を営んでいないまたは清算中である場合
(2)	支配日前において営む事業（旧事業）のすべてを支配日以後に廃止しまたは廃止する見込みである場合
(3)	他の者または当該他の者の関連者が当該他の者または関連者以外の者から欠損等法人に対する特定債権を取得している場合（支配日前に特定債権を取得している場合を含む）

　欠損等法人に近い状況にある法人が，特定事由が生じる前に，合併法人や親法人に繰越欠損金や含み損を引き継ぐために，適格合併や清算をしたケースが典型例になります。

> **チェックポイント！**
>
> ■ 適格合併または残余財産確定の最終事業年度において生じた所得に対して，過去の繰越欠損金を損金算入していませんか。
> ⇒ 最後事業年度が適用対象事業年度となるため，最後事業年度においては，所得が生じても過去の繰越欠損金を損金算入できません。

（5）リストラと事業規模の拡大（法法57の2①五）

　特定支配関係が生じたことに基因して，欠損等法人の支配日直前の特定役員全員が退任し，かつ，支配日直前の使用人（旧使用人）のおおむね20％以上が退職した場合において，旧使用人が従事しない事業（非従事事業）の規模が，支配日直前の旧事業の事業規模のおおむね5倍を超えると特定事由に該当します。このように，上記（2）や（3）のような資金の入れ替えだけではなく，従業者の入れ替えによる事業の拡大も制限の対象としています。

　なお，この事業規模判定においては，非従事事業の規模は，旧事業だけではなく，過去の非従事事業に対しても，5倍を超えることが要件とされています。つまり，非従事事業の事業規模が，単純に以前から5倍を超える規模まで拡大となった場合に適用されます。これは，非従事事業の事業規模が，旧事業の縮小によって拡大した場合を除くためです（法令113条の3⑲）。

> **チェックポイント！**
>
> ■ 欠損等法人の支配日直前の特定役員が，形式的には残っていても，業務に従事していない状況にありませんか。
> ⇒ 業務に従事していない場合も退任に含まれるため，形式的に重任となっているだけでないかの確認が必要です。
> ■ すべての退職した人員数で判定していませんか。
> ⇒ 特定支配関係が生じたことが原因で退任または退職した人が対象になりますので，定年退職などは除いて判定します。

3　欠損等法人と適格組織再編成

(1) 欠損等法人が被合併法人，清算法人である場合

　欠損等法人が2 (1)～(5) の適用事由に該当した場合には，その後に欠損等法人が被合併法人となる適格合併をしても，合併法人へ繰越欠損金を引き継ぐことはできません（法法57の2④）。

　なお，欠損等法人が単体グループ法人税制の適用を受け清算する場合にも，同様の措置が取られています。

> **チェックポイント！**
>
> ■　適用事由に該当した欠損等法人が被合併法人となる適格合併において，最終事業年度に生じた欠損金を切り捨てていませんか。
> 　⇒　引継ぎができない繰越欠損金は，適用事業年度前に生じた繰越欠損金であり，それ以後に生じた繰越欠損金は，原則として，引継ぎが可能です。ただし，法人税法57条3項の規定による引継ぎの可否は検討する必要があります。

(2) 欠損等法人が合併法人，清算法人の親会社である場合

　欠損等法人が2 (1)～(5) の適用事由に該当した場合には，その後に欠損等法人が合併法人となる適格合併をしても，被合併法人の繰越欠損金は引き継げません（法法57の2②③）。

　ただし，制限対象期間後に行った適格合併であれば，適用事業年度以後に生じた繰越欠損金は引継ぎが可能ですが，引継ぎの検討時に，時価純資産価額により判定する含み益特例（法令113）を利用できないことには注意が必要です。

> **チェックポイント！**
>
> ■　欠損等法人の繰越欠損金だけを気にしていませんか。
> 　⇒　欠損等法人を合併法人とする適格合併を行えば，欠損等法人ではない被合併法人の繰越欠損金まで引継ぎが制限されてしまいます。

19 減価償却資産

1　制度のあらまし

　適格分割・適格現物出資・適格現物分配により減価償却資産の移転を行う場合，移転前に期中で減価償却費を移転元法人が計上していることがあります。月次決算などの要請からは当然のことですが，法人税法においても，この考え方を認めています。

　ただし，損金経理要件（法法31①）本来の考え方では，損金の額に算入されるのは確定決算により損金経理をしたものに限られますから，この移転元法人で計上した減価償却費は損金算入が認められないはずです。そこで，適格分割等の日以後2月以内に期中損金経理額についての届出を行ったものに限り，例外として移転元法人における損金算入を認める取扱いとしています（法法31②③）。

2　解説とチェックポイント

2−1　移転元法人における期中損金経理額の取扱い

　損金経理した金額のうち，適格分割等の日の前日を事業年度終了の日とした場合に計算される償却限度額相当額に達するまでの額を損金算入します（法法31②）。

> **チェックポイント！**
>
> ■　減価償却や貸倒引当金など，損金経理要件のある規定について，適格分割等の日から2月以内に届出書を出す必要がないか，検討していますか。
> ⇒　期中損金経理額を損金算入させるためには，届出が必要とされて

います。なお，この点は，適格分割であれば，適格分割型分割でも適格分社型分割でも同様に提出が必要です。

2―2　移転先法人における資産の取得日と取得価額

非適格組織再編成の場合，移転資産は組織再編成の日に時価譲渡されたことになるため，移転先法人でも組織再編成の日に時価により取得したことになります（法法62①）。

適格組織再編成では，移転元法人における取得日と取得価額が移転先法人に引き継がれることになります（法法62の2①，法令48の3・54）。この場合，簿価も税務上の金額により引き継がれるため，移転元法人における減価償却超過額は移転先法人に引き継がれることになります（法法31④）。

> **チェックポイント！**

＜再編の種類による移転先法人の処理＞

種類	移転先法人
適格合併	簿価による課税関係の引継ぎ
適格分割型分割	
適格分社型分割	簿価譲渡による取得
適格現物出資	
適格現物分配	
非適格再編成	時価譲渡による取得

■　適格分社型分割等の場合でも，原始取得日が引き継がれることを理解していますか。
　⇒　適格合併と適格分割型分割は，簿価による引継ぎと整理されているので，取得日が引き継がれるのは当然です。適格分社型分割・適格現物出資・適格現物分配の場合，簿価による譲渡と整理されていますが，この場合にも，移転元法人が取得した日に移転先法人が原始取得したものとみなし，引き継がれた原始取得日により償却方法

■ 既に株式を保有している会社について，合併のためのデューデリジェンスを行うための費用が一時の損金にならないと誤解していませんか。
　⇒　質疑応答事例「合併に伴うデューディリジェンス費用の取扱い」があり，一時の損金処理が可能です。ただし，本事例の射程は，あくまでも，合併時における，合併のための費用そのものの扱いです。合併の前段階で，買収により株式取得を行うためのデューデリジェンス費用は，株式の取得価額に算入されることになります。買収時委託費用の株式取得価額算入可否詳細は，税務通信3662号「実例から学ぶ税務の核心」＜第57回＞「中小企業におけるM&Aの法務上の留意点」参照。

2－3　減価償却方法の届出

　組織再編成により取得した資産について，移転元法人で選定している減価償却方法が，移転先法人でそのまま使えるとは限りません。ただし，新規事業所の設置として扱える場合であれば，減価償却方法の選定届出を行うことで，移転元法人における減価償却方法を引き続き移転先法人でも採用できる可能性があります。

チェックポイント！

■　適格組織再編成により移転した減価償却資産につき，移転元法人では定率法を採用し，移転先法人では定額法を採用している場合，原則として，減価償却方法は移転先法人の定額法によることを理解していますか。
　⇒　減価償却資産の償却方法は，その減価償却資産の区分ごとに選定する必要があり，組織再編成により減価償却資産を移転した場合，移転元法人で採用していた減価償却方法が継続して採用できるとは限りません。移転先法人が採用している減価償却方法により償却を行うことが原則となります（法令51①前段）。
　　ただし，2以上の事業所を有する場合には，事業所ごとに償却の方法を選定することができるとされていますから（同後段），たとえば，合併により被合併法人の工場を承継する場合であれば，新規

事業所の設置として，新たな減価償却方法を選定することが可能になります。
■ 組織再編成による移転が新規事業所の設置に該当するものとして，移転先法人が既存事業所で選定している償却方法と異なる償却方法を選定する場合の届出提出期限を理解していますか。
⇒ 移転を受けた日の属する事業年度の確定申告書提出期限までに届出を行う必要があります。たとえば，合併の場合，移転を受けた日は合併期日と解されます。3月末決算の合併法人が，令和6年4月1日合併期日としている場合，令和7年3月31日期の確定申告期限である令和7年5月末（当該年は6月2日）までに選定の届出を行えば足りることになります。法人税法上は，被合併法人が合併期日の前日の属する事業年度（この例の場合令和6年3月31日期）において資産等の移転損益を認識しますが，それと混同しないように注意すべきです。
■ 組織再編成により移転を受けた資産が移転元法人では定率法により償却が行われていたものの，移転先法人で選定していた定額法で償却を行う場合の償却限度額計算方法を理解していますか。
⇒ 明示的な規定はありませんが，法人税基本通達7-4-4「定率法を定額法に変更した場合等の償却限度額の計算」を準用して計算を行えばよいと解されています。この場合，中古耐用年数計算が可能かについては，下記2-4を参照してください。

2-4　中古耐用年数の適用可否

	適格再編	非適格再編
取得日	被合併法人等の取得日	合併等の日
取得価額	被合併法人等から引き継ぐ	時価で取得
簿価	被合併法人等から引き継ぐ	時価で取得
耐用年数	中古耐用年数の適用可	中古耐用年数の適用可

　非適格組織再編成では，通常の譲渡による取得と同様ですから，中古耐用年数の利用も可能です。
　これに対して，適格組織再編成の場合，課税関係を引き継ぐとの考え方から，組織再編税制創設時には，移転元法人における耐用年数を使う

こととされました。しかし，組織再編成により移転が生じる事実を捉え，適格組織再編成の場合でも，改正により，「取得」として移転先法人で中古耐用年数が使えることとされました。

減価償却方法の判定では，引継ぎであり取得ではないと言いながら，中古耐用年数の適用可否判定では取得だとして，局面により「取得」の意味が異なっている点，注意が必要です。

また，被合供法人等が中古資産の耐用年数を適用していた減価価却資産を，適格合併等により移転を受けた場合には，その被合併法人等において適用していた耐用年数によることができます（耐用年数省令3②）。ただし，合併法人が定額法または生産高比例法を採用していて，移転を受けた減価償却資産について中古資産の耐用年数を用いる場合には，その償却費の計算の基礎となる取得価額は，税務上の薄価となります（耐用年数省令3③）。

なお，個人の相続による場合には，減価償却方法の判定で取得とされ，中古耐用年数が使えないこととされていますので，対比して確認しておくべきです。

> **チェックポイント！**

■　適格分社型分割・適格現物出資・適格現物分配は，簿価譲渡による取得ですが，中古耐用年数が使えることを理解していますか。
⇒　平成13年度の組織再編税制創設時から，これらの組織再編成類型については，中古耐用年数が使えるものとされていました（耐令3①）。中古耐用年数規定は強制ではありませんから，法定耐用年数を用いるか，中古耐用年数を用いるかは，納税者の選択によります。
■　適格合併および適格分割型分割の場合でも，中古耐用年数が使えることを理解していますか。
⇒　平成13年度の組織再編税制創設時には，適格合併および適格分割型分割は，簿価による課税関係の引継ぎと整理されたことから，中古耐用年数は使えないものとされていました。つまり，法定耐用年数しか使えないものとされていたわけです。
　　しかしながら，平成15年度税制改正により，中古耐用年数省令に

おける「取得」に，適格合併および適格分割型分割も含むこととされたため，適格分社型分割等との差異がなくなったことになります。適格組織再編成の場合には中古耐用年数は使えないものと誤解している例が少なくないようですから，注意が必要です。

　なお，市町村における償却資産税申告では，法人税の規定に従うこととされていますので，適格合併の場合に，法定耐用年数を用いてもよいのは当然として，中古耐用年数を用いた申告でも差し支えありません。この点を誤解している市町村の事例を聞くことがあります。国税としてのネットワークで情報共有が図られている税務署と異なり，地方税の場合には，各担当者の判断で執行されるため，問題が生じる事案もあります。場合によっては，総務省に相談することで，地方税担当者との見解の相違を詰める助力を得られることもあります。

3　記載例

＜適格分割等による期中損金経理額等の損金算入に関する届出書＞

＜減価償却資産の償却方法の届出書＞

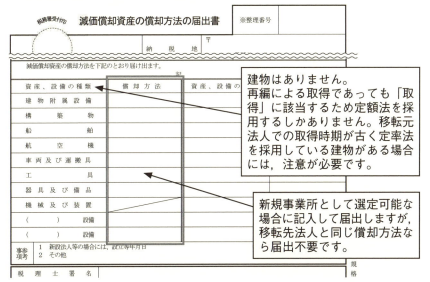

20 引当金

1 制度のあらまし

　法人税法で認められている引当金は，貸倒引当金（法法52）だけです。しかも，税務上の貸倒引当金は，中小法人や一定の法人を除き設定ができなくなっています。非適格組織再編成の場合には，課税関係がリセットされますので，移転元法人と移転先法人との間で引当金の移転は生じません。しかし，適格組織再編成の場合には，課税関係の引継ぎが行われることから，引当金についても引継ぎの規定が用意されています。ここでは，貸倒引当金を念頭において説明します。

　なお，返品調整引当金は，経過措置による取崩ができるのみとなっているため説明を省略します。

2 解説とチェックポイント

2−1 適格組織再編成と貸倒引当金

　適格組織再編成により被合併法人等の金銭債権が帳簿価額により合併法人等に移転する場合には，移転する金銭債権等に係る貸倒引当金についても，合併法人等に引き継ぐものとされています。

```
          ┌─────────────────────────┐
          │   適格組織再編成        │
          │ (適格合併, 適格分割, 適格現物出資 │
          │   または適格現物分配)   │
          └─────────────────────────┘
┌─────────────────────┐     ┌─────────────────────┐
│ 被合併法人等        │     │ 合併法人等          │
│ (被合併法人, 分割法人, │  →  │ (合併法人, 分割承継法人, │
│ 現物出資法人または  │     │ 被現物出資法人または│
│ 現物分配法人)       │     │ 被現物分配法人)     │
└─────────────────────┘     └─────────────────────┘
```

2－2　適格分割等における期中貸倒引当金勘定の繰入

　適格分割等により個別評価金銭債権または一括評価金銭債権を移転する場合には，期中個別貸倒引当金勘定または期中一括貸倒引当金勘定の金額を分割法人等の損金の額に算入します。

```
          ┌─────────────────────────┐
          │    適格分割等           │
          │ (適格分割, 適格現物出資または適格 │
          │  現物分配 (適格現物分配については │
          │  残余財産の全部の分配を除きます)) │
          └─────────────────────────┘
                   金銭債権の移転
┌─────────────────────┐     ┌─────────────────────┐
│ 分割法人等          │     │ 分割承継法人等      │
│ (分割法人,          │  →  │ (分割承継法人,      │
│ 現物出資法人または  │     │ 被現物出資法人または│
│ 現物分配法人)       │     │ 被現物分配法人)     │
└─────────────────────┘     └─────────────────────┘
```

　チェックポイント！

■　適格分割等により個別評価金銭債権，一括評価金銭債権を移転させる場合に，移転元法人で期中貸倒引当金勘定を設けるには，届出が必要であることを理解していますか。

⇒ 適格分割等の日以後2ヵ月以内に、分割法人等がその期中個別貸倒引当金勘定の金額等を記載した届出書を納税地の所轄税務署長に提出した場合に限り、分割法人等のその適格分割等の日の属する事業年度の損金の額に算入することが認められています（法法52⑤⑥⑦、法規25の6）。

■ 期中個別貸倒引当金勘定の金額の繰入限度額の計算で、適格分割等により同一債務者に対する個別評価金銭債権の一部のみを分割承継法人等に移転する場合の特例があることを理解していますか。

⇒ その個別評価金銭債権の金額のうちその移転する一部の金額以外の金額はないものとみなされます（法令98）。

2—3 適格組織再編成が行われた場合の貸倒引当金勘定の引継ぎ

区分	引継ぎの可否等	内容
適格合併または適格現物分配（残余財産の全部の分配に限ります。）	個別評価貸倒引当金…可 一括評価貸倒引当金…可 （非適格合併…不可(注)）	適格合併の日の前日または残余財産の確定の日の属する事業年度において損金の額に算入された貸倒引当金勘定の金額
適格分割等	個別評価貸倒引当金…可 一括評価貸倒引当金…可 （非適格分割等…不可）	適格分割等の日の属する事業年度の所得の金額の計算上損金の額に算入された期中個別貸倒引当金勘定の金額または期中一括貸倒引当金勘定の金額

（注） 被合併法人の適格合併に該当しない合併の日の前日の属する事業年度および残余財産の確定（その残余財産の分配が適格現物分配に該当しないものに限ります）の日の属する事業年度においては、貸倒引当金の繰入額の損金算入はできません（法法52①括弧書②括弧書）。

（大蔵財務協会「令和5年版 法人税決算と申告の実務」より）

適格組織再編成が行われた場合には、上記表の区分に応じて、貸倒引当金勘定の金額または期中個別貸倒引当金勘定の金額もしくは期中一括貸倒引当金勘定の金額が合併法人等に引き継がれます（法法52⑧）。

> チェックポイント！

> ■ 適格組織再編成により引継ぎを受けた貸倒引当金については，移転先法人で益金算入することを理解していますか。
> ⇒ 適格組織再編成により引継ぎを受けた貸倒引当金勘定の金額または期中個別貸倒引当金勘定の金額もしくは期中一括貸倒引当金勘定の金額は，その合併法人等の適格組織再編成の日の属する事業年度において益金の額に算入することになります（法法52⑪）。

2－4 適格組織再編成が行われた場合の貸倒実績率の計算

適格組織再編成時には，一括評価金銭債権に係る貸倒引当金の繰入限度額の計算の際の貸倒実績率について，いくつかの措置が講じられています（法令96⑥⑧）。

> チェックポイント！

> ■ 適格合併に係る合併法人の貸倒実績率を合併法人の実績のみで計算していませんか。
> ⇒ 適格合併に係る合併法人の貸倒実績率については，合併法人のその事業年度開始の日前3年以内に開始した被合併法人の各事業年度の実績を含めて計算することとされています（法令96⑥一）。
> ■ 貸倒れによる損失の額等の合計額に，期中個別貸倒引当金勘定の金額を加味していますか。
> ⇒ その事業年度開始の日前3年以内に開始した各事業年度（設立事業年度である場合にはその事業年度）において損金の額に算入された期中個別貸倒引当金勘定の金額（売掛債権等に係る金額に限ります）については，貸倒れによる損失の額等の合計額に加算することになります（法令96⑥二ロ）。逆に，益金算入されたものは，貸倒れによる損失の額等の合計額から控除します（法令96⑥二ハ）。
> ■ 適格分割等を行った場合，移転事業の貸倒実績を考慮して別途合理的計算を行うことが可能な場合があることを理解していますか。
> ⇒ 内国法人を分割法人もしくは分割承継法人または現物出資法人もしくは被現物出資法人とする適格分割または適格現物出資が行われた場合の貸倒実績率については，移転する事業に係る貸倒れの実績

を考慮した合理的な方法について納税地の所轄税務署長の承認を受けた場合に限り，その承認を受けた方法によって計算した割合とすることができます（法令97①）。

　なお，この承認を受けようとする内国法人は，適格分割・適格現物出資の日以後2ヵ月以内に，その採用しようとする方法の内容，その方法を採用しようとする理由その他所定の事項を記載した申請書を納税地の所轄税務署長に提出しなければならないこととされています（法令97②，法規25の5）。

　ここで特に注意すべきは，提出期限は適格分割等の日から2ヵ月以内であるものの，承認を受けた実績率が使えるのは，承認を受けた日を含む事業年度以後でしかない（法令97①）点です。みなし承認制度が設けられていないため，期をまたいで承認されると，必要なタイミングで合理的な方法が使えない事態が考えられます。承認申請日の管理について十分な配慮が必要です。

3　記載例

<別表十一（一の二）　適格合併が行われている場合の一括評価金銭債権に係る貸倒引当金の貸倒実績率の計算>

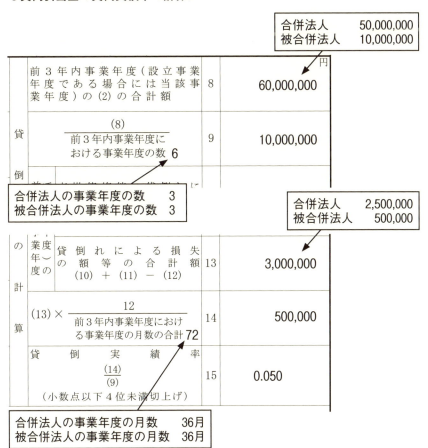

<適格分割等による期中損金経理額等の損金算入に関する届出書>

21 受取配当等の益金不算入

1 制度のあらまし

　受取配当等の益金不算入制度は二重課税排除の仕組みですが，益金不算入にならない場合があったり，益金不算入が一定割合に留まる場合が生じます。まず，短期所有株式等（法法23②）やみなし配当事由予定取得（法法23③）に該当すれば，最初から益金算入とされます。その点をクリアした後は，所有割合と所有期間によるグルーピングが行われることになります。

　これらの各規定においては完全支配関係が考慮されるとともに，適格組織再編における所有期間引継規定が設けられている点に注意が必要です。

2 解説とチェックポイント

2－1 短期所有株式等の判定

　適格組織再編成により移転を受けた株式に係る配当がある場合には，移転先法人がその株式について短期所有株式の判定をするときは，移転先法人に移転した株式等の割合に応じて調整した数を，移転先法人におけるそれぞれの株式数等に含めます（法令20②③④）。

　ここで，移転元法人は，移転先法人における短期所有株式の判定の基礎に含められた株式数を除いて短期所有株式の判定をすることになります。

> **チェックポイント！**
>
> ■ 適格組織再編成に係る短期所有株式等の取扱いを理解していますか。
>   ⇒ 適格合併などの適格組織再編成が行われた場合の短期所有株式等の基礎となる株式等の数については，一定の調整をして計算します（法令20②，③，④）。
> ■ 被合併法人等から移転を受けた株式等の所有期間の考え方を理解していますか。
>   ⇒ 適格組織再編成により移転を受けた株式に係る株式の保有期間要件の判定をするときは，合併法人等の保有期間に被合併法人等の保有期間を含めます。

2－2　完全子法人株式等の注意点

　完全子法人株式等とは，配当等の額の計算期間を通じ，内国法人との間に完全支配関係があった他の内国法人の株式又は出資をいいます（法法2十二の七の六，同23⑤，法令22の2①）。完全子法人株式等の判定は，通常，株主法人の保有期間により行いますが，同一のグループ内での適格組織再編成による移転があった場合には，移転元の保有期間は移転先法人の保有期間に加算されます（法令22の2①）。

　また，配当等の計算期間後に適格合併等があった場合には，当該配当計算期間における被合併法人等の保有実績も，合併法人に引き継がれます（法令22の2③）。

> **チェックポイント！**
>
> ■ 第三者から買収直後の100％株式であれば完全子法人株式等になると勘違いしていませんか。
>   ⇒ 保有期間要件を満たさないため，完全子法人株式等にならないことはもちろん，関連法人株式等にならないこともあります。なお，親族から取得する場合は，保有期間要件をクリアする可能性があります。

> ■ 株式移転後の完全子法人からの配当は，全額益金不算入になると思いこんでいませんか。
> ⇒ 計算期間の中途において株式移転により設立された完全親法人に対する配当は，完全子法人株式等および関連法人株式等のいずれにも該当せず，その他の株式等に該当します。株式移転した完全親法人の設立の日を計算期間の初日とする特例は，平成27年度税制改正で廃止されています。

2－3　関連法人株式等の判定

　関連法人株式等における3分の1超保有か否かは，内国法人及びその内国法人との間に完全支配関係がある他の法人を含めて判定を行います（法法23④）。保有期間については，前回の配当基準日から今回の配当基準日まで，つまり，配当計算期間中の継続保有により行われるのが基本ですが，適格合併等により移転を受けた場合には例外があります（法令22①③）。なお，負債利子計算は，関連法人株式等でのみで生じますが，令和4年4月1日以後開始事業年度分から，計算方法が大きく変更されています。

> **チェックポイント！**
>
> ■ 適格組織再編成が行われている場合に，株式等の保有期間につき，現在の保有者である移転先法人のみで保有比率の判定を行っていませんか。
> ⇒ 適格合併・適格分割のときだけでなく，適格現物出資・適格現物分配の場合においても，株式保有期間については，移転元法人の保有期間を移転先法人の保有期間とみなします。
> 　ただし，発行済株式等の3分の1超が移転する場合に限られることに注意が必要です。

2—4　非支配目的株式等

　非支配目的株式等を判定する発行済株式等の5％以下保有か否かの保有割合は，内国法人及びその内国法人との間に完全支配関係がある他の法人を含めて判定を行います（法法23⑥）。また，基準日で判定を行い（法令22の3），配当計算期間や保有期間は問われません。

2—5　その他株式等

　完全子法人株式等，関連法人株式等，非支配目的株式等のいずれにも該当しないものが該当します（法法23①）。保有割合を別表に記載する必要があります。

2—6　みなし配当事由予定取得の場合の益金算入

　発行法人にとって自己株式取得となるような株式譲渡は，株主である譲渡者が法人である場合，受取配当等の益金不算入規定の恩恵を受けつつ，ほぼ同額の株式譲渡損を計上できるという，いわばおいしいとこ取りの節税策が横行しました。
　これに対する手当として，みなし配当事由が生じる場合の株式譲渡損益額を計上させない措置が設けられているわけですが，これは完全支配関係のある場合ないし，抱合株式がある場合の合併に限られています（法法61の2③⑰）。その他の場合への手当として，みなし配当事由が生じた場合に，株式譲渡損の計上を許す代わりに，受取配当等の益金不算入を許さず，配当等を益金算入させる制度が設けられています。あくまでも，将来のみなし配当事由発動を予定しているものは，いわば，種を仕込むものとして，益金不算入制度を使わせないこととするものです（法法23③，法令21）。

> チェックポイント！

■ 完全支配関係がない場合，適格組織再編成で移転を受けた株式について，自己株式取得による譲渡を行った場合，株式譲渡損と受取配当益金不算入の両取りが可能になると誤解していませんか。

⇒ 将来の租税回避行為を見込んで取得したとされれば，益金不算入規定が使えないこととなります。このように自己株式等の取得が予定されている株式等の例としては，上場会社等が，自己の株式の公開買付期間中に株式取得した場合が挙げられています（法基通3－1－8）。

なお，上場企業の場合，自己株式取得専用取引であるToSTNeT－3こと自己株式立会外買付取引を利用した自己株式取得であっても，金融商品取引所の開設する市場における購入であり，みなし配当は生じないとされた事例（カッパ・クリエイト事件（平成24年5月25日裁決　東裁（法）平23第233号））も知っておくべきです。

■ 将来の自己株式取得を見込んで，子法人Aから子法人B株式を取得していた場合，完全支配関係にない子法人Bに自己株式取得させた場合でも，当社は受取配当等の益金不算入規定が使えないことを理解していますか。

⇒ 受取配当等の益金不算入規定は使えませんが，この場合，株式譲渡損益は計上されることとされています。

■ 非支配目的株式等についても配当計算期間による継続保有が必要と考えていませんか。

⇒ 完全子法人株式等・関連法人株式等については，計算期間における継続保有が要件に付加されています。

非支配目的株式等・その他株式等については，この計算期間における継続保有要件が課されていないとの違いがあります。

なお，法人税法23条の2における外国子会社受取配当益金不算入計算では，25％以上を6ヶ月以上継続保有することが要求されています（法令22の4①）。この継続保有は直接保有に限られることから，益金不算入にならないことが判明して，急遽100％保有外国子会社からの配当を取りやめたJTの報道事例がありました。100％グループ内で継続されていれば救済される完全子法人株式等の規定との違いは，意識して理解しておくべきでしょう。

Column 5　IBM 事件

東京地判平成26年5月9日（第一審）
　平成23年（行ウ）第407号法人税更正処分取消等請求事件
　平成24年（行ウ）第92号法人税更正処分取消等請求事件
　平成25年（行ウ）第85号通知処分取消請求事件

東京高判平成27年3月25日（控訴審）
　平成26年（行コ）第208号
　各法人税更正処分取消等，通知処分取消請求控訴事件

最決平成28年2月18日（上告審）
　平成27年（行ヒ）第304号

　IBM 事件は，海外親会社から日本 IBM 株式の発行済株式の全部の取得を行い，その後，日本 IBM に対する譲渡（自己株式として取得）を行って実現した株式譲渡損失を欠損金として連結納税に持ち込んだことが法人税法132条により否認されたものの，取り消された事件です。

　簡単に言えば，受取配当益金不算入と株式譲渡損の両取りができてしまったわけですが，それが当初から意図されたものだったかどうかが争われ，結果的には国が敗訴し，納税者勝訴となりました。

　ただ，この裁判では，東京高裁により，法人税法132条の適用要件についての解釈が示され，租税回避以外に正当な理由ないし事業目的が存在しない場合のみに適用が可能なのではなく，経済合理性があると言えるか否かが適用の決め手であることが明確化されました。

　それまでは，とにかく何か事業目的さえあればよいのだ，ということを言う実務家もいましたが，この点は完全に否定されたことになります。その意味で，従来の実務家の常識は書き換えられることになり，エポックメイキングな事件であったと言えます。

　組織再編成では法人税法132条の2による否認が多いですが，手前の状況次第では，この法人税法132条による否認の対象になることもあり得ます。特に，グループ法人税制の適用否認で，この法人税法132条が適用される可能性には注意しておくべきでしょう。

　なお，IBM 事件で問題になった両取りの問題は，平成22年度のグループ法人税制で手当されている点を申し添えます。

（濱田康宏）

22 デリバティブ取引

1 制度のあらまし

平成12年度税制改正により，期末未決済デリバティブ取引について，決済したものとみなして生じる利益または損失の額相当額を，洗替方式により益金または損金の額に算入することとされました（法法61の5）。

このデリバティブ取引に関して，組織再編税制においても適格組織再編成の場合には規定が用意されています。

2 解説とチェックポイント

2—1 適格組織再編成における取扱い

合併法人が適格合併により未決済デリバティブ取引の移転を受けた場合，被合併法人の最後事業年度においてデリバティブ取引の時価評価により益金の額または損金の額に算入された利益の額または損失の額に相

＜適格再編によるデリバティブ契約の移転（法法61の5②）＞

（例：分割法人）　　（例：分割承継法人）
移転元法人　　　　移転先法人

移転元法人において　　移転先法人において
みなし決済　　　　　　みなし決済
（移転直前）　　　　　（期末洗替）

移転時に簿価移転し，移転資産の譲渡損益なしだが移転直前における時価評価を受けて評価換えされた後の簿価になっている。

当する金額は，合併法人の適格合併の日の属する事業年度に戻入処理を行います（法法61の5①，法令120②）。

更に，適格分割等において，未決済デリバティブ取引による契約を移転する場合の取扱いが設けられています（法法61の5②，図参照）。適格分割等には，適格分割，適格現物出資または適格現物分配が含まれますが，残余財産の全部の分配による適格現物分配は除かれます。

> **チェックポイント！**
>
> ■ 適格組織再編成なので，未決済デリバティブ取引の時価評価が行われないと誤解していませんか。
> ⇒ この場合，この合併の日あるいは適格分割等の日の前日を事業年度終了の日とした場合において，未決済デリバティブ取引に係るみなし決済損益額に相当する金額を，移転元法人の所得の金額の計算上，益金の額または損金の額に算入します。簿価移転されるのは，あくまでもみなし決済規定により時価評価された後の簿価であるという建付けです。移転先法人では，このみなし決済による益金の額あるいは損金の額を戻入処理することとしています。

2－2　非適格組織再編成における取扱い

未決済デリバティブ取引による契約の移転が，組織再編税制において移転する資産・負債の譲渡に該当するのか明示的な定めはありませんが，オフバランス項目であっても移転するものと解するのが組織再編成税制の元来の設計です（朝長英樹「ヘッジ取引を適格分割により移転する場合の取扱い」T&Amaster（ロータス21）2013.06.17 No.503）。

<非適格再編によるデリバティブ契約の移転>

（例：分割法人）　（例：分割承継法人）
　移転元法人　　　　移転先法人

　　　　　▲　　　　　　▲
　　　時価譲渡　　　移転先法人において
　　　　　　　　　　みなし決済
　　　　　　　　　　（期末洗替）

> デリバティブ契約を含めて移転資産等全体で時価評価されるので，対価部分は資産調整勘定あるいは負債調整勘定の一部を構成

チェックポイント！

■　移転する未決済デリバティブ契約の処理を理解していますか。
⇒　移転する未決済デリバティブ契約については，他の移転資産・負債と同様に，時価で譲渡したものとして，移転する事業の譲渡損益を分割法人の分割事業年度に計上します（法法62①）。

■　未決済デリバティブ契約については，オフバランス項目となっていますが，具体的にはどのように処理されるか理解していますか。
⇒　非適格組織再編成の場合，オフバランス項目については，資産調整勘定あるいは負債調整勘定として処理されることになります（法法62の8）。

> **Column 6** PGM 事件

○PGM 事件（R02年11月2日裁決＿東裁（法）令2第30号）
　TAINS コード　F0-2-1034

　ここでは，裁決に基づいて概要を確認します。
　まず，PGP が外部から買収してきた100％子会社であるゴルフ運営会社（PGPAH6）について，ゴルフ場部分を子会社に切り出しました。この段階で，PGPAH6は事業を失っていたわけです。
　PGPAH6では，その子会社株式をグループ他社に売却して，譲渡損を計上し，多額の欠損金が生じます。その後，グループ化後5年を経過するまで待ち，グループ内の別の100％子会社（PGMP4）に吸収合併され，PGMP4にPGPAH6の繰越欠損金が承継されました。
　そして，このPGMP4は，更に，別の99％保有子会社であるPGMプロパティーズに吸収合併され，元々PGPAH6で生じた繰越欠損金は，最終的には，PGMプロパティーズに承継され，これを使用した申告が行われることになったわけです。
　元々繰越欠損金が生じた事業は他社に行き，繰越欠損金だけを縁もゆかりもなかった会社に持っていって使う二段階合併によるスキームは，行為計算否認規定により否定されました。
　事業の移転先と異なる法人に繰越欠損金を承継させるスキームは，TPR事件以来，課税庁により否定されており，このPGM事件もその流れの1つと位置づけられます。
　ところが，本書脱稿直前の令和6年9月27日に東京地裁で納税者勝訴の判決が出たと報道されました。
　合併には経費の大幅削減など合理的理由があると認め，事業の移転は条文上要件とされていないと判示しました。
　国側が控訴しており，今後の動向に要注意です。

（濱田康宏）

23 所得税額・外国税額控除

1 所得税額控除

　法人が受け取る利子や配当であっても，個人と同様に所得税および復興特別所得税が源泉徴収されます（所法181①，復興財確法28）。利子等の源泉所得税等は，法人税の前払いと考えられるため，納付する法人税額から源泉所得税等を控除することが可能です（法法68，復興財確法49）。組織再編成を行った場合，所得税額控除の計算は，次のような調整を行わなければなりません。

（1）所有期間による按分計算（原則法）

　株式配当等に課された所得税額等は，配当等の元本を所有していた期間に対応する部分の所得税額のみが，法人税額から控除できます（法令140の2①一・②）。

$$\text{配当等に対する所得税額等} \times \frac{\text{分母の期間のうちその法人が元本を保有していた期間の月数}}{\text{配当等の計算の基礎となった期間の月数}}$$

① 株式移転完全親法人における特例

　　株式移転を行った場合において，株式移転完全親法人が，設立後最初に受け取る完全子法人からの剰余金の配当については，当該配当等の計算期間開始の日から株式移転完全親法人設立日の前日までの月数が分子に加算されます（法令140の2②）。したがって，株式移転完全親法人へ，設立後最初に支払われる完全子法人からの剰余金の配当については，完全親法人が設立から計算期間終了日まで完

全子法人株式を保有していれば，その源泉所得税額等の全額が控除の対象となります。

一方で，受取配当等の益金不算入規定においては，株式移転後の完全子法人からの初回配当が，完全子法人株式等の配当に該当しないケースがあるので，要注意です。

$$\text{配当等に対する所得税額等} \times \frac{\text{分母の期間のうちその法人が元本を保有していた期間の月数} + \text{配当計算期間開始日から設立までの月数}}{\text{配当等の計算の基礎となった期間の月数}}$$

② **適格組織再編成による移転**

適格組織再編成（合併，分割，現物出資，現物分配）により，按分計算の対象となる株式の移転があった場合には，その移転元法人が保有していた期間を移転先法人が保有していた期間とみなして，計算します（法令140の2④）。

$$\text{配当等に対する所得税額等} \times \frac{\text{分母の期間のうちその法人の元本保有期間の月数} + \text{移転元法人の元本保有期間の月数}}{\text{配当等の計算の基礎となった期間の月数}}$$

（2）所有期間による按分計算（簡便法）

「公社債」「株式及び出資」「集団投資信託の受益券」の3種類に区分し，これを配当等の計算期間が1年を超えるものと1年以内のものとに区分して，その区分に属するすべての元本について，その銘柄ごとに次の算式により計算します（法令140の2③）。

＜1年を超えるもの＞

$$\text{配当等に対する所得税額等} \times \frac{A+(B-A) \times 1/12}{B}$$

A：利子配当等の計算の基礎となった期間の開始時に所有していた元本数
B：利子配当等の計算の基礎となった期間の終了時に所有していた元本数

＜1年以内のもの＞

$$\text{配当等に対する所得税額等} \times \frac{A+(B-A)\times 1/2}{B}$$

A：利子配当等の計算の基礎となった期間の開始時に所有していた元本数
B：利子配当等の計算の基礎となった期間の終了時に所有していた元本数

① 適格組織再編成による移転があった場合

　適格組織再編成により，按分計算の対象となる株式の移転があった場合には，以下の算式により計算した株数が移転先法人の計算期間開始時の所有元本数に加算されます（法令140の2④）。

$$\text{移転元法人が計算期間開始時の所有元本数} \times \frac{\text{分母のうち組織再編成により移転した元本数}}{\text{移転元法人が適格組織再編成等の直前に保有していた元本数}}$$

　一方で，移転元法人においては，上記算式により計算した株数が，計算期間開始時の所有元本数から控除されます（法令140の2⑤）。

23 所得税額・外国税額控除　139

所得税額の控除に関する明細書

[別表六(一) 表: 事業年度／法人名／収入金額／①について課される／②のうち控除を受ける ...]

- 非適格合併などの非適格組織再編成による株式等の移転まで，調整計算していませんか。
  ⇒ 上記の調整計算は，適格組織再編成による移転時にのみ適用できる規定です。

2　外国税額控除

　同一の所得に対して日本と外国の双方で課税された場合には，国際的二重課税を排除するため，法人税額から外国税額相当額が控除できます。一定の外国法人税（控除対象外国法人税額）を，次の算式により計算した金額（控除限度額）を限度として，その事業年度の法人税額から控除します（法法69①）。

$$控除限度額 = 各事業年度の所得に対する法人税の額 \times \frac{当該事業年度の国外所得金額}{当該事業年度の所得金額}$$

　控除限度額を超える控除対象外国法人税額部分は，「控除限度超過額」,

控除対象外国法人税額を超える控除限度額部分は,「控除余裕額」として,翌年以後3年間,外国税額控除の計算において調整されます(法法69②③)。

(1) 適格合併があった場合の特例 (法法69⑨一)

適格合併があった場合には,被合併法人の合併前3年内事業年度の控除限度額または控除対象外国法人税額は,合併法人の合併前3年内事業年度の控除限度額または控除対象外国法人税額とみなされます。

(2) 適格分割,適格現物出資があった場合の特例 (法法69⑨二)

適格分割または適格現物出資があった場合には,分割法人または現物出資法人の分割等前3年内事業年度の控除限度額または控除対象外国法人税額のうち次の金額は,分割承継法人等の分割等前3年内事業年度の控除限度額または控除対象外国法人税額とみなされます(法令146⑥)。

```
分割承継法人等の控除限度額とみなされる額
= 分割法人等の分割等前3年     分割法人等から移転した事業に係る
  内事業年度の控除限度額   ×  国外所得金額(3年内事業年度)
                              分割法人等の国外所得金額(3年内
                              事業年度)
```

```
分割承継法人等の控除対象外国法人税額とみなされる額
= 分割法人等から移転した事業    控除限度超過額(3年内事業年度)
  に係る控除対象外国法人税額 × 分割法人等の控除対象外国法人税額
                              (3年内事業年度)
```

一方で,事業を移転した分割法人または現物出資法人においては,上記取扱いに対応して,上記の金額はないものとみなされます(法法69⑪,法令146⑩)。

23 所得税額・外国税額控除　141

適格分割等が行われた場合の外国税額の控除に係る繰越控除限度額等の計算の特例に関する届出書

税務署受付印

※整理番号

令和　年　月　日

届出者
- 納税地　〒　　電話（　）　－
- （フリガナ）
- 法人名等
- 法人番号
- （フリガナ）
- 代表者氏名
- 分割法人等の法人名
- 分割法人等の納税地　〒
- 分割法人等の代表者氏名

税務署長殿
下記のとおり届け出ます。

適格分割等の日　令和　年　月　日

下記のとおり届け出ます。

（個別）国外所得金額

事業年度	各事業年度の国外所得金額	左のうち移転を受けた事業に係る部分の金額
・・	円	円
・・		
・・		

控除限度額

事業年度	区分	各事業年度の控除限度額	左のうち移転を受けた事業に係る部分の金額
・・	国税	円	円
	道府県民税		
	市町村民税		
・・	国税		
	道府県民税		
	市町村民税		
・・	国税		
	道府県民税		
	市町村民税		

（個別）控除対象外国法人税の額

事業年度	各事業年度の控除対象外国法人税の額	左のうち移転を受けた事業に係る部分の金額
・・	円	円
・・		

添付書類（各欄ごとの明細書）

■ 適格分割，適格現物出資があった場合に届出書の提出を忘れていませんか。

⇒ 控除限度額または控除対象外国法人税額の引継ぎは，あくまで特例措置であるため，適用を受けるためには，適格分割等の日以後3ヵ月以内に，届出書を提出しなければなりません（法法69⑩）。ただし，届出書の提出が必要なのは，分割と現物出資のみであり，合併の場合は不要です。合併は，事業の全部が承継されるため，届出書を提出する必要がありません。

> **チェックポイント！**

■　地方税の控除限度額，控除対象外国法人税額の引継ぎを忘れていませんか。
　⇒　適格組織再編成があった場合には，法人税と同様に，地方税の控除限度額や控除対象外国法人税額の引継ぎも可能です。この場合にも，分割と現物出資に関しては，都道府県や市町村への届出書の提出が必要です。

> **Column 7** HMI 事件

HMI 事件は，報道ベースでの情報しかないため，正確ではない部分や足りない情報があることを前提に記載していますが，おそらく法人税法132条の2が適用された事例だと思われます。

ホテルマネージメントインターナショナル（HMI）が2017年10月にホテル運営会社である知立観光を買収により子会社化しました。同年11月21日，知立観光が新たに合同会社を設立し，知立観光が運営していた旧年金福祉施設などのホテル事業をその合同会社に譲渡しています。続けて11月28日には，その合同会社の出資を関連会社に売却し，翌日11月29日には，HMI が知立観光を吸収合併し，その結果，知立観光が保有していた繰越欠損金が HMI に承継されています。また，合同会社に売却した施設の運営は，HMI が行っていたようです。

① HMI（存続会社）が知立観光（消滅会社）を買収
② 知立観光が合同会社に運営施設を売却（譲渡損をグループ法人税制で繰延？）
③ 合併の前日，知立観光が合同会社の出資を売却（繰延した譲渡損の実現？）
④ HMI が知立観光を吸収合併し繰越欠損金を承継

つまり，合併の前に，被合併法人の資産を処分し繰越欠損金を発生させ，その欠損金を合併により引き継いだ。ただ，その売却した資産の運営は合併法人が行っていた，という事件のようです。

この事件，そもそも譲渡損の実現がどこで生じたのかも注目なのですが，支配関係成立後すぐの適格合併なので，みなし共同事業要件は満たしていたと考えられます。それであれば，資産を合併前に売却せずに含み損資産のまま合併法人が引き継ぎ，合併後に売却していたらどうなっていたのか，という部分は気になるところです。今後の情報に注目したい事件です。

(岡野　訓)

24 措置法の税額控除

1 制度のあらまし

租税特別措置法における税額控除（特別控除）制度は，基本的に，各社の状況に応じて税額控除の適用の有無を判断します。しかし，組織再編成があった場合には，移転した事業の実態に応じて，各種税額控除の適用上，調整計算を行う規定が設けられていることがあります。

2 解説とチェックポイント

2—1 繰越税額控除と組織再編成

次の繰越税額控除限度超過額を有している法人が，その法人を被合併法人等（被合併法人，分割法人，現物出資法人または現物分配法人）とする合併等（合併，分割，現物出資または現物分配）を行った場合には，その合併等が適格合併等に該当し，繰越税額控除限度額の基となった資産を移転したときであっても，その繰越税額控除限度超過額を合併法人等に引き継ぐことは認められません（措通42の12の5-5，措通42の5～48（共)-4）。

・中小企業向け賃上げ促進税制
・中小企業者等が機械等を取得した場合の税額控除
・沖縄の特定地域において工業用機械等を取得した場合の税額控除
・中小企業者等が特定経営力向上設備等を取得した場合の税額控除

> **チェックポイント！**
>
> ■ 適格合併だからといって，被合併法人の繰越税額控除限度超過額を合併法人に引き継いでいませんか。
> ⇒ 被合併法人の繰越税額控除限度超過額は，その合併が適格合併であるか否かにかかわらず，合併法人に引き継ぐことはできません。この点は，引継ぎが認められている合併等特別償却不足額および合併等特別償却準備金積立不足額とは取扱いが異なるため，注意が必要です。

2－2　合併があった場合の試験研究費の税額控除

合併法人の試験研究費の税額控除計算における平均売上金額，比較試験研究費の額については，被合併法人の売上金額および試験研究費の額に所要の調整をした金額を加算等して算出することとされています（措法42の4㉖，措令27の4⑫⑬㉘㉙）。つまり，被合併法人の試験研究費に係る実績値は合併法人に引き継いだうえで，合併法人の税額控除の適用判定や税額控除額の計算を行います。

> **チェックポイント！**
>
> ■ 非適格合併だからといって，被合併法人の試験研究費の税額控除にかかる実績値を引き継がないと誤解をしていませんか。
> ⇒ 試験研究費の税額控除で利用される平均売上金額などの数値は，適格，非適格の区分にかかわらず，被合併法人の実績値を合併法人に引き継いで計算を行う必要があります。

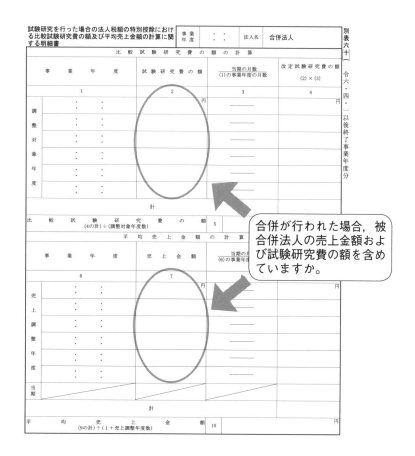

2−3　分割等による試験研究費の額および売上金額の区分

　会社分割等が行われた場合の分割法人等および分割承継法人等の試験研究費の税額控除の計算における平均売上金額，および比較試験研究費の額については，原則として，分割法人等の全体の数値を分割後の月数で按分した金額だけを分割承継法人等における数値に加算します（措令27の4⑫㉘）。この場合，分割法人等における実績値を減額することはありません。しかし，この取扱いであれば，開発部門が分割承継法人等に移転しているなどの場合，分割法人等の側でその実態に合った試験研究費の税額控除額が算出されません。そこで，分割法人等が試験研究費

の額を移転事業に係る試験研究費の額とそれ以外の事業に係る試験研究費の額とに区分した場合には，一定の事項を記載した書類を確定申告書等に添付することにより，その区分した試験研究費の額を分割法人等から分割承継法人等に引き継ぐことが可能です。また，分割法人等と分割承継法人等における平均売上金額の計算についても，上記と同様に，売上金額の区分をする場合には，一定の書類添付を条件に，その区分した売上金額を分割法人等から分割承継法人等に引き継ぐことが可能です（措令27の4⑭㉚，措規20③㉙）。なお，この場合には，分割承継法人等に移転した上記数値は，分割法人等の数値から控除されます。

> チェックポイント！
>
> ■ 現物分配のみ，売上金額の調整が廃止されていることを理解していますか。
> ⇒ 現物分配法人の売上金額を，被現物分配法人の売上金額に加算する措置は令和5年度税制改正で廃止されています。
> ■ 会社分割等以後に，試験研究費の税額控除制度の適用を考えている場合に，試験研究費の額および売上金額の区分に関する一定の書類を確定申告書等に添付していますか。
> ⇒ 確定申告書等を提出する際に，一定の事項を記載した書類を添付しておかないと，実態に合わない税額控除額となる可能性があります。
>   なお，令和5年度税制改正により，事前の届出方式から，申告時の書類添付方式に変わっています。

2−4　合併があった場合の賃上げ促進税制

　合併法人の賃上げ促進税制の適用に当たり，比較雇用者給与等支給額及び比較教育訓練費の額については，被合併法人の給与等支給額及び教育訓練費の額を加算等して算出することとされています（措法42の12の5⑨）。

具体的には，以下の金額を調整対象年度（前事業年度）の給与等支給額に加算します。

① 適用事業年度に合併が行われた場合

$$\text{被合併法人の調整対象年度（前事業年度）の給与等支給額} \times \frac{\text{合併の日から適用事業年度終了日までの月数}}{\text{適用事業年度の月数}}$$

② 前事業年度に合併が行われた場合

調整対象年度（前事業年度）に含まれる月の被合併法人の給与等支給額

これは，比較教育訓練費の額についても同様です。

なお，継続雇用者給与等支給額の前年比が3％以上かどうかを判定する場合における「継続雇用者」には被合併法人から合併法人に引き継がれた従業員等は含まれません。

2－5　分割等による比較雇用者給与等支給額および比較教育訓練費の額

会社分割等が行われた場合の分割法人等および分割承継法人等の比較雇用者給与等支給額および比較教育訓練費の額については，移転対象の数値を分割前後で加減算する調整計算が行われます（措法42の12の5⑨，措令27の12の5⑭⑳）。

例えば，適用年度において行われた分割等に係る分割法人等の場合には，前事業年度の移転給与等支給額（会社分割等により分割承継法人等に異動する雇用者の数に対応する給与等支給額）に当該分割等の日から当該適用事業年度終了の日までの期間の月数を乗じてこれを当該適用年度の月数で除して計算した金額を前事業年度の給与等支給額から控除します。反対に，分割承継法人にあっては，同金額を加算する必要があり

ます。

　また，適用年度の前事業年度において行われた会社分割等に係る分割法人等の場合には，前事業年度開始日から会社分割等の日の前日までの期間における移転給与等支給額を前事業年度の給与等支給額から控除し，分割承継法人にあっては，同金額を給与等支給額に加算します。

　なお，上記の計算は，比較教育訓練費の額についても同様に行います。

> **チェックポイント！**
>
> ■　継続雇用者給与等支給額の前年比増加率を計算する際に，被合併法人から引き継いだ従業員を継続雇用者に含めていませんか。
> ⇒　**被合併法人から引き継いだ従業員は継続雇用者には含まれません。**

25 抱合株式(1)〜概要

1 制度のあらまし

　親法人が，子法人株式を保有したまま子法人を吸収合併する場合，消滅する子法人株式（被合併法人株式）に対して合併法人株式の割当を行うべきか否かの問題が生じます。この子法人株式のことを抱合株式と呼びます。

　本来，被合併法人株式は，株主法人からすれば，合併による消滅をもって譲渡と取り扱い，株式譲渡損益課税とともにみなし配当課税を行うことが基本です。しかし，抱合株式については，買収時に高い評価を行っておいて，買収後に吸収合併することで，買収によるコストを株式譲渡損失として，損金とすることができてしまいます。受取配当金が益金不算入となることから，自己株式の取得と同様，税金軽減の錬金術として使われるおそれがあるため，抱合株式消滅差損益については，損金・益金としないこととされました。具体的には，抱合株式消滅差損益相当額を，資本金等の額で調整することとしました。

2 解説とチェックポイント

2—1 抱合株式の範囲

　抱合株式の典型例は親法人が子法人を吸収合併する場合において，親会社が保有する子法人株式です。

> **チェックポイント！**
>
> ■ 抱合株式には，親法人が保有する子法人たる被合併法人株式以外のものがあることを理解していますか。
> ⇒ 抱合株式には，［１］その合併法人が合併の直前に有していた被合併法人の株式（上記の親法人が吸収合併の対象とする子法人株式を保有する例）だけでなく，［２］被合併法人がその合併の直前に有していた他の被合併法人の株式をも含みます（法法24②）。

２－２　親子合併における非適格合併の税務処理

　親法人による子法人の非適格吸収合併，つまり抱合株式がある非適格合併の課税関係のポイントは，合併法人には，合併当事者である合併法人としての顔と被合併法人の株主としての顔があるということです。つまり，課税関係を考える際には，組織再編成の当事法人間取引と株主・法人間取引とに分けて考える必要があるわけです。

　ところで，法制上は，抱合株式に対して合併対価を交付することはできないとされています（会749①三，③）。しかし，法人税法では，組織再編成の当事法人間での資産移転について等価取引が行われていると考えることから，抱合株式に対して合併対価が割り当てられたとみなして整理することになります。その結果，みなし配当を認識することになります。ただし，通常の株主課税で生じるみなし配当課税に伴う株式譲渡損益課税は生じないこととされています。

　なお，下記仕訳ではみなし配当課税部分に源泉徴収税額が生じていません。これは，実際には対価の交付がされないことから，支払いがないものとして，源泉徴収義務が生じないと解されているためです（所法181①）。

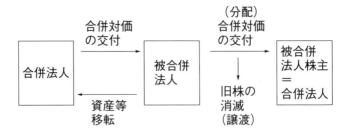

［1］当事法人間での課税関係

（資産の移転（譲渡＋取得）取引）

被合併法人				合併法人			
対価	1,200	資産譲渡収入	1,200	資産	1,200	対価	1,200
資産譲渡原価	1,000	資産	1,000				

（資金調達取引（増資））

合併法人			
対価	1,200	資本金等	1,200

［2］株主・法人間での課税関係

（分配取引）

被合併法人				被合併法人株主			
資本金等	300	対価	1,200	対価	1,200	株式譲渡収入	300
利益積立金	900					受取配当	900
				株式譲渡原価	400	株式	400
				資本金等(注)	100	株式譲渡損	100

（注） 実際の条文では，株式譲渡損益相当額が直接資本金等にチャージされることとされています。

　ここで注意すべきは，課税関係について，単に合併当事法人間取引と株主・法人間取引とに分けるだけではないということです。平成22年度税制改正により，株主としてのみなし配当課税に対応して生じる株式譲

渡損益課税につき，株式譲渡損益相当額（上記事例では100）を資本金等の額でチャージすることとされています（法令8①五）。

> **チェックポイント！**
>
> ■ 株式譲渡損益相当額部分が資本金等の額でチャージされることを理解していますか。
> ⇒ 株式譲渡差損となる場合には，資本金等の額の借方にチャージされ，株式譲渡差益となる場合には，資本金等の額の貸方にチャージされます。均等割など，資本金等の額によって課税関係が変わる規定について，確認しておく必要があります。
> ■ 抱合株式について株式譲渡損益相当額が資本金等の額でチャージされるのは，100％関係以外の場合でも生じることを理解していますか。
> ⇒ 自己株式取得における譲渡と異なり，100％関係以外でも株式譲渡損益課税が生じないこととされている点に注意が必要です。
> ■ 非適格の無対価合併では，対価の交付を省略したと認められるケースと認められないケースとで課税関係が異なることを理解していますか。
> ⇒ 対価の交付を省略したと認められる非適格の無対価合併では，対価の交付があったものとしてみなし配当を認識し，対価の交付を省略したと認められない非適格の無対価合併は，対価が0円として処理するためみなし配当を認識しません。

2—3　親子合併における適格合併の税務処理

　親子合併で抱合株式を保有する場合の適格合併においても，課税関係を考える際に，当事法人間取引と株主・法人間取引に分けて考えます。当事法人間では，資産・負債・純資産が簿価承継で移転します（法法62の2①，法令8①五・9①二）。

　株主・法人間取引では，被合併法人株式の消滅が生じますが，これについては，資本金等の額の借方チャージとされています。平成22年度税制改正前は，合併法人が対価として自己株式を交付し，それにより資本金等の額のマイナスが生じることとされていましたが，改正によりこの

経過的説明部分に相当する条文が削除されました。ただし，制度の理解としては，改正前と同様であると考えた方が理屈として分かりやすいでしょう。

> **チェックポイント！**
>
> ■ 法制上，抱合株式には合併対価の交付が行われないため，資本金の額は増えず，純資産額の移転もありませんが，法人税法では，適格合併の場合，資産等のみならず純資産も簿価承継で移転することを理解していますか。
> ⇒ 抱合株式がある場合，適格合併であっても，申告調整が必ず生じることになります。

[1] 当事法人間での課税関係

被合併法人
資本金等　300　／　資産　　1,000
利益積立金　700

合併法人
資産　　1,000　／　資本金等　300
　　　　　　　　　　利益積立金　700

[2] 株主法人間での課税関係

被合併法人株主
資本金等　400　／　株式　　400

（注）　実際の条文では，合併法人＝被合併法人株主の仕訳は，まとめてあります。

2－4　なぜ資本金等の額の借方チャージが生じるか

　抱合株式における株式消滅損が資本金等の額の借方チャージとされる点については，学者・実務家などから批判があります。なにより，資本金等の額とは株主等から受け入れる拠出資本の額の管理指標であるという法人税法の基本原則を崩すものだとの主張は，かなり説得力があります。

　しかし，平成13年度税制改正で組織再編税制が導入された時点で，適

適格合併の処理例

合　併　法　人			
資産	800	負債	500
資本積立金額	50	資本金	250
		利益積立金額	100
自己株式	700	被合併法人株式	700
資本積立金額	700	自己株式	700

※資産・負債の簿価引継ぎ：令123の3
※資本積立金額：法2十七ハ，ネ，令8の2②一
※利益積立金額：法2十八二，令9①
※被合併法人株式の譲渡損益計算：法61の2④
（注）資本金250は，法人が増加させた金額

（租税研究2001年6月号「会社組織再編成に係る税制について［第2回］」財務省税制第1課課長補佐　朝長英樹　P22資料5：適格合併の処理例［合併法人の有していた被合併法人の株式に新株を交付しない場合の処理例］）
（注）用語・条文は当時のものであり，現在のものとは一部異なります。

格合併における抱合株式処理では，現在と同様，抱合株式消却損相当額を資本金等の額の借方チャージとする処理が採用されていました。

　ここでの理屈は，合併法人が株主として被合併法人株式について合併対価の割当てを受けるが，それは自己株式であることから，結果的に資本金等の額の借方チャージになるというものです。その意味で，唐突に制度を導入したのではなく，従来からの基準点（適格合併）に他の制度（非適格合併）を揃えようとしたのだとの評価もできます。

　また，抱合株式とは，株式保有を経由せずに合併するのと比較すると，いわば途中下車です。将来の合併法人におけるファイナンスで資金調達すべきものを，一種の予約金のように前払いしただけであると理解すれば，このような処理にも整合性を見いだすことができなくはありません。

　ただし，合併するかどうかが未定であり，抱合株式を外部譲渡する場合には，譲渡原価となることは従来通りです。その意味では，将来的な改正を必要とする問題点が残っていると理解すべきかもしれません。

26 抱合株式(2)〜処理例

1 制度のあらまし

親法人である株式会社が子法人である株式会社を吸収合併する場合，合併対価の交付はできません（会749①三かっこ書による除外）。会社法では，自らに対して合併対価を交付するのであれば交付しなくても問題は，ありません。むしろ，自分に対して合併対価の割当てをするのはおかしい，というわけです。さらに，会計では，税制と異なり，純資産は引き継がず，子会社株式の消却損益を損益計算書の特別損益に計上します（企業結合会計基準適用指針206）。

これに対して，税制では適格合併となり，資産・負債・純資産を帳簿価額で引き継ぐ処理が行われた上で，抱合株式消却損益相当額を資本金等の額にチャージしますので，申告調整が必ず生じることになります。

2 解説とチェックポイント

（以下では100％親子関係を前提とします）

2-1 会計仕訳・税務仕訳・申告調整

（注）資本金＝資本金等の額，その他利益剰余金＝利益積立金額，税務否認金なしとする。

2－2　合併消滅法人（移転元法人S社）

【会計仕訳】

負債	70	資産	100
資本金	10		
利益剰余金	20		

【税務仕訳】

負債	70	資産	100
合併対価	30		
資本金等	10	合併対価	30
利益積立金	20		

> **チェックポイント！**
>
> ■ 合併消滅法人には申告調整が生じないことを確認していますか。
>   ⇒ 会計は簿価により資産・負債・純資産が消し込まれ，税務上も適格組織再編成になるため，申告調整は生じないことになります。

2－3　合併存続法人（移転先法人かつ消滅法人・移転元法人の株主法人P社）

【会計仕訳】

資産	100	負債	70
		S株	50
抱合株式	20		
消滅差損			

> **チェックポイント！**
>
> ■ 合併存続法人では，会計上，純資産の引継ぎがないことを確認していますか。
>   ⇒ 当事者間では資産・負債を簿価引継ぎします（企業結合会計基準適用指針206）。少数株主持分がなければ，払込資本が生じません。この場合，資本金の額が増加しないのはもちろんのこと，資本準備金や資本剰余金を増加させる余地もありません。非常に誤解が多い点です。
> ■ 合併存続法人では，会計上，抱合株式消滅差損益が計上されることを確認していますか。
>   ⇒ 合併で子会社株式こと抱合株式が消えるため，持分相当額の純資産額と子会社株式の差額を損益計算書に計上します。この点が，兄弟会社の合併との大きな違いです。

【税務仕訳】

資産	100	負債	70
		合併対価	30
合併対価	30	資本金等	10
		利益積立金	20
資本金等	50	S株	50

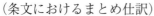

（条文におけるまとめ仕訳）

資産	100	負債	70
		利益積立金	20
資本金等	40	S株	50

3　記載例（申告調整）

[申告調整]　P社　合併法人

別表四

区分		総額	処分	
			留保	社外流出
加算	抱合株式消滅差損	20	20	

> **チェックポイント！**
>
> ■　別表四で抱合株式消滅差損益を留保項目で申告調整しているか確認していますか。
> 　⇒　半永久的に差異項目で残るため，一見すると永久差異として調整すべきように思えますが，社外流出しているわけではないため，留保項目となります。

別表五(一)
[利益積立金額]

区分	期首現在利益積立金額	当期の増減		差引翌期首現在利益積立金額
		減	増	
子会社株式（合併）			20	20
繰越損益（合併）	※20			20

[資本金等の額]

区分	期首現在資本金等の額	当期の増減		差引翌期首現在資本金等の額
		減	増	
資本金（合併）	※▲40			▲40

　合併受入資本金等　消滅法人資本金等　抱合株式簿価
　　　▲40　　　＝　　　10　　　－　　　50

(注)　期中増減処理を行う申告調整方法もあり，むしろそちらが本来ですが，別表四と五(一)の検算式が不一致になります。ここでは，実務的簡便性を考慮して，検算式が一致する方式を記載しています（※の部分）。

27　資産・負債調整勘定(1)

1　制度のあらまし

　非適格合併等により，被合併法人等から資産または負債の移転を受けた場合に，合併法人等がその非適格合併等により交付した金銭の額および金銭以外の資産の価額（時価）の合計額（支払対価）と，その非適格合併等により移転を受けた資産および負債の時価純資産価額との間に差額が生じている場合には，その差額は，資産（負債）調整勘定として処理することになります（法法62の8）。

　なお，非適格合併等とは，非適格合併または非適格分割，非適格現物出資または事業の譲受けのうち，当該非適格分割等に係る分割法人，現物出資法人または譲渡法人の当該非適格分割等の直前において営む事業および当該事業に係る主要な資産または負債のおおむね全部が当該非適格分割等により当該非適格分割等に係る分割承継法人，被現物出資法人または譲受け法人に移転をするものをいいます（法令123の10①）。

2　解説とチェックポイント

2−1　資産調整勘定

　合併法人等が非適格合併等により被合併法人等から税務上の資産および負債の移転を受けた場合において，合併法人等が非適格合併等により交付した非適格合併等対価額がその移転した資産および負債の時価純資産価額を超えるときは，その超える部分の金額を資産調整勘定として，60月で損金算入することとなります（法法62の8④）。

　また，資産の取得価額の合計額が，負債の額の合計に満たない場合に

は，その満たない部分の金額と対価の額の合計額を資産調整勘定とすることになります。

たとえば支払対価1,350で時価純資産価額600の移転を受けた場合の資産調整勘定算定のイメージは次図のとおりです。

なお，次図の資産等超過差額とは，非適格合併等により交付された株式等のその合併等の時の価額が合併契約時等の価額と著しい差異を生じている場合のその差額および実質的に被合併法人等の欠損金額に相当する金額からなると認められる金額をいいます（法令123の10④，法規27の16①）。

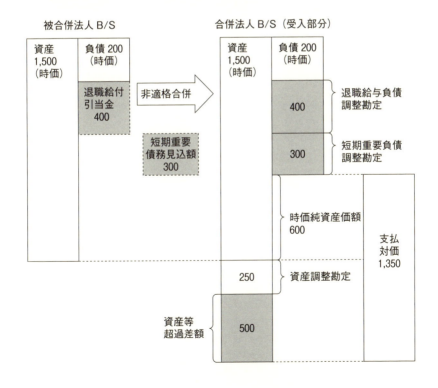

具体的には，次のような場合に資産等超過差額が生じることになります。

① 合併等により交付する合併等対価資産が約定日から合併等の日までの間に異常に高騰した場合
② 資産調整勘定が，被合併法人の欠損金相当額からなっていると認められる場合

> **チェックポイント！**
>
> ■ 非適格合併等により移転を受けた資産および負債の時価純資産価額と支払対価との間に差額が生じている場合には，その差額の生じた理由を明らかにしていますか。
> ⇒ 移転資産の時価評価を間違っていたり，資産等超過差額を認識していなかったりすると，資産調整勘定の計上に誤りが生じます。
> ■ 借方の差額はすべて資産調整勘定になると考えていませんか。
> ⇒ 支払対価のうち寄附金あるいは欠損金相当額からなる部分は，資産調整勘定とはならないため，内容の精査が必要です。

2−2　資産調整勘定の金額の取崩し

次のいずれかに該当する場合には，その該当することとなった日の属する事業年度において，次に掲げる資産調整勘定の金額を減額し，損金に算入することになります（法法62条の8④⑤）。また，事業年度の中途で資産調整勘定が生じた場合には，その合併等の日から事業年度終了の日までの期間の月数を乗じて計算した金額を減額します。

① 各事業年度が終了した場合

　　資産調整勘定の当初計上金額を60で除して計算した金額に，その事業年度の月数を乗じて計算した金額

② 自己が被合併法人となる非適格合併を行う場合または残余財産が確定した場合

　　非適格合併直前または残余財産の確定直前の資産調整勘定の金額

<資産調整勘定の取崩し額>

$$\text{損金算入額（法法62の8④）} = \text{当初計上額} \times \frac{\text{当該事業年度の月数（非適格合併等事業年度の場合は，非適格合併等からの月数）}}{60}$$

> **チェックポイント！**

- 事業年度の中途に非適格合併を実行したことにより生じた資産調整勘定を5年均等償却により償却していませんか。
  ⇒ 資産調整勘定は，当初資産に計上した金額を60で除して，その事業年度の月数を乗じて計算した金額を合併事業年度以後の各事業年度で償却していきますが，合併事業年度については，合併の日からその事業年度終了の日までの期間の月数で按分した金額を償却します。
- 資産調整勘定を任意償却資産と勘違いしていませんか。
  ⇒ 資産調整勘定は，強制償却資産であり，会計処理にかかわらず当初計上金額を60で除して，その事業年度の月数を乗じて計算した金額を各事業年度の損金算入額とします。

2—3　資産等超過差額の取扱い

資産等超過差額は，非償却資産として取り扱われ，原則，損金不算入です（法令123の10④，法規27の16）。

【合併法人等の税務上の仕訳（例）】

諸資産	10,000（時価）	諸負債	6,000（時価）
資産等超過差額	2,000		
資産調整勘定	3,000	現預金	9,000

> **チェックポイント！**

- 資産等超過差額を，資産調整勘定と同様に償却していませんか。
  ⇒ 資産等超過差額は，非償却資産として計上されます。仮に資産等超過差額を有する法人が適格合併により解散する場合には，合併法人に簿価で引き継がれることになります（法令123の10⑤）。資産等超過差額は通常事業年度では損金算入されることはありませんが，事業廃止時に損金の額に算入されます。

28 資産・負債調整勘定(2)

1 制度のあらまし

企業会計ののれんと同様に，税務上，借方差額を資産調整勘定とするのと同時に，貸方差額についても，負債調整勘定として処理をします。負債調整勘定は，企業会計と異なり，その内容により3種類が規定されています。

2 解説とチェックポイント

2－1 負債調整勘定の意義

負債調整勘定とは，退職給与負債調整勘定，短期重要負債調整勘定および差額負債調整勘定の3つを指します。

① **退職給与負債調整勘定**（法法62の8②一）

退職給与負債調整勘定とは，合併法人等が被合併法人等から引継ぎを受けた従業者について，被合併法人等の退職給与債務の引受けをした場合の退職給与債務引受額のことをいいます。

② **短期重要負債調整勘定**（法法62の8②二）

短期重要負債調整勘定とは，被合併法人等から移転を受けた事業に係る将来の債務で，合併等の日からおおむね3年以内に発生が見込まれるものの額のことをいいます。

③ **差額負債調整勘定**（法法62の8③）

差額負債調整勘定とは，内国法人が被合併法人等から資産または負債の移転を受けた場合に，非適格合併等対価額がその被合併法人等から移転を受けた資産および負債の時価純資産価額に満たない場

28 資産・負債調整勘定(2)

合において，その満たない部分の金額から①および②を控除した残額のことをいいます。

たとえば，支払対価500で時価純資産価額600の移転を受けた場合の負債調整勘定算定のイメージは次図のとおりです。

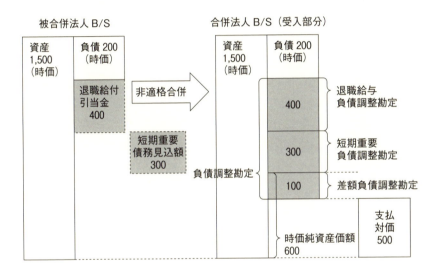

> **チェックポイント！**
>
> ■ 退職給与負債調整勘定の金額は適正ですか。
> ⇒ 退職給与負債調整勘定の金額は，非適格合併等の時における会計上の退職給付引当金の金額であり，一般に公正妥当と認められる会計基準に従って算定されたものに限ります。また，退職給与負債調整勘定の金額を認識するためには，明細書の添付が必要になります。仮に，この明細書の添付を失念した場合には，資産調整勘定のマイナスとして処理されるか，差額負債調整勘定の金額として処理されることになります（法令123条の10⑦）。
> ■ 各種調整勘定の金額を有することとなった事業年度の確定申告書に明細書の添付をしていますか。

> ⇒ 資産調整勘定，退職給与負債調整勘定，短期重要負債調整勘定および差額負債調整勘定の金額を有する法人は，その有することとなった事業年度の確定申告書に別表十六（十一）「非適格合併等に係る調整勘定の計算の明細書」を添付する必要があります。
>
> ■ 退職給与負債調整勘定に，役員退職慰労引当金を含めていませんか。
> ⇒ 従業者という定義には役員は含まれますが，会計基準においてに役員退職慰労引当金を含めないこととされているため，退職給与負債調整勘定にも，役員退職慰労引当金は含まれません。結果，役員退職慰労引当金部分は，資産（負債）調整勘定に吸収されることになります。

2−2　負債調整勘定の取崩し

　負債調整勘定の金額は，その種類によって取崩しをする時期や金額が異なります。

　退職給与負債調整勘定の金額については，その対象従業者の退職等により減額します。短期重要負債調整勘定の金額については，実際にその損失が生じたときなどに取崩しをします。差額負債調整勘定の金額は，60月で月数按分して益金に算入します。

2−2−1　退職給与負債調整勘定の取崩し

　退職給与債務の対象従業者が退職等の事由によりその法人の従業者でなくなった場合またはその対象従業者に対して退職給与を支給する場合には，次のいずれかの退職給与負債調整勘定の金額を減額し，その該当することとなった事業年度において，益金に算入します（法法62の8⑥一）。

① 　1人当たりの平均退職得給与負債調整勘定×退職者数（法令123の10⑩）

② 　継続適用を条件に，対象従業者ごとの明細が保存されている場合には，退職等した対象従業者ごとの退職給与負債調整勘定の合計額（法令123の10⑫）

＜退職給与負債調整勘定の取崩し額＞

次のいずれかの方法

$$\text{益金算入額(法令123の10⑩)} = \frac{\text{当初計上額}}{\text{退職給与引受従業者の数①}} \times \text{①のうち，従業者でなくなったものまたは退職給与の支給を受けたもの（減額対象従業者）の数}$$

または

$$\text{益金算入額(法令123の10⑫)} = \text{減額対象従業者に係る退職給与引受従業者の退職給付引当金額に相当する金額}$$

2－2－2 短期重要負債調整勘定の取崩し

次のいずれかに該当する場合には，その該当することとなった日の属する事業年度においてそれぞれに掲げる短期重要負債調整勘定の金額を減額し，益金に算入します（法法62の8⑥二）。

① 短期重要負債見込額にかかる損失が生じた場合（リストラによる損失が見込まれる場合など）
② 非適格合併等の日から3年が経過した場合
③ 自己を被合併法人とする非適格合併を行う場合または残余財産が確定した場合

＜短期重要負債調整勘定の取崩し額＞

$$\text{益金算入額(法法62の8⑥二)} = \text{短期重要債務見込額に係る損失が生じた場合は短期重要負債調整勘定の金額のうち当該損失の額に相当する金額}$$

または

上記②または③の場合は，その時の短期重要負債調整勘定の残額

> **チェックポイント！**
>
> ■ 非適格合併等の日から3年を経過しているのに，短期重要負債調整勘定をそのまま計上し続けていませんか。
> ⇒ 非適格合併等の日から3年を経過した場合には，短期重要負債調

> 整勘定の残額を取り崩さなければなりません。また，短期重要負債調整勘定の金額を有する合併法人等が，非適格合併で解散する場合にも，最後事業年度で取り崩さなければなりません。

2−2−3　差額負債調整勘定の取崩し

　次のいずれかに該当する場合には，その該当することとなった日の属する事業年度において，次に掲げる差額負債調整勘定の金額を減額し，益金に算入することになります（法法62の8⑦）。

　また，事業年度の中途で差額負債調整勘定が生じた場合には，その合併等の日から事業年度終了の日までの期間の月数を乗じて計算した金額を減額します。

① 各事業年度が終了した場合

　　差額負債調整勘定の当初計上額を60で除して計算した金額にその事業年度の月数を乗じて計算した金額

② 自己が被合併法人となる非適格合併を行う場合または残余財産が確定した場合

　　非適格合併直前または残余財産の確定直前の差額負債調整勘定の金額

＜差額負債調整勘定の取崩し額＞

$$\text{益金算入額（法法62の8⑦)} = \text{当初計上額} \times \frac{\text{当該事業年度の月数（非適格合併等事業年度の場合は，非適格合併等からの月数）}}{60}$$

チェックポイント！

- 期中に非適格合併等により計上した差額負債調整勘定について，5年で均等償却していませんか。
  ⇒ 期中に非適格合併等により計上した差額負債調整勘定の金額は，非適格合併等の日から事業年度終了の日までの期間の月数分を償却します。
  　また，差額負債調整勘定の金額を有する法人が，非適格合併で解散する場合には，最後事業年度終了の時の差額負債調整勘定の金額を最後事業年度に取り崩さなければなりません。
- 各種調整勘定を取り崩す事業年度の確定申告書に明細書を添付していますか。
  ⇒ 資産調整勘定，退職給与負債調整勘定，短期重要負債調整勘定および差額負債調整勘定の金額を減額する事業年度の確定申告書に別表十六（十一）「非適格合併等に係る調整勘定の計算の明細書」の添付が必要となります。
  　ただし，この明細書の添付は，資産調整勘定，短期重要負債調整勘定および差額負債調整勘定の金額を計上するための要件とはされていないため，仮に明細書の添付がなかったとしても，取崩額は損金の額または益金の額に算入されます。

3 記載例

非適格合併等に係る調整勘定の計算の明細書

事業年度	令6・4・1 令7・3・31	法人名	合併法人

別表十六(十一)　令六・四・一以後終了事業年度分

非適格合併等の日	令6・10・1	被合併法人等の名称	
非適格合併等の別	非適格合併・非適格分割・非適格現物出資・事業の譲受け		

資産調整勘定の金額の明細	資産調整勘定の金額の当初計上額 (25)又は(33)	1	250 円
	期首資産調整勘定の金額	2	0
	当期損金算入額 $((1)\times\frac{当期の月数}{60})$ 又は(2)	3	25
	翌期首資産調整勘定の金額 ((1)又は(2))−(3)	4	225

差額負債調整勘定の金額の明細	差額負債調整勘定の金額の当初計上額 (26)又は(34)	5	
	期首差額負債調整勘定の金額	6	
	当期益金算入額 $((5)\times\frac{当期の月数}{60})$ 又は(6)	7	
	翌期首差額負債調整勘定の金額 ((5)又は(6))−(7)	8	

退職給与負債調整勘定の金額の明細	退職給与負債調整勘定の金額の当初計上額	9	400 円
	退職給与引受従業者の数	10	10 人
	期首退職給与負債調整勘定の金額	11	0 円
	当期益金算入額 $((\frac{(9)}{(10)}\times 減額対象従業者数)$又は個別計算による金額)	12	40
	適格分割又は適格現物出資により引継ぎをした退職給与負債調整勘定の金額 $((\frac{(9)}{(10)}\times 引継者数)$又は個別計算による金額)	13	0
	翌期首退職給与負債調整勘定の金額 ((9)又は(11))−(12)−(13)	14	360

短期重要負債調整勘定の金額の明細	短期重要負債調整勘定の金額の当初計上額	15	300
	期首短期重要負債調整勘定の金額	16	0
	当期益金算入額(短期重要負債調整勘定の金額のうち当期に生じた損失に相当する金額)又は(16)	17	0
	適格分割又は適格現物出資により引継ぎをした短期重要負債調整勘定の金額	18	0
	非適格合併等の日から3年が経過したことにより益金算入される金額 (16)−(17)−(18)	19	0
	翌期首短期重要負債調整勘定の金額 ((15)又は(16))−(17)−(18)−(19)	20	300

合併の日から事業年度末までの月数によっていますか。

減額対象従業者（例）
非適格合併により引継ぎを受けた従業者（10人）のうち1人が退職した場合とします。（400/10人×1人＝40）

28 資産・負債調整勘定(2)

資産調整勘定の金額又は差額負債調整勘定の金額の当初計上額の計算

非適格合併等対価額がある場合又は令第123条の10第16項各号に該当しない場合			非適格合併等対価額がない場合で令第123条の10第16項第1号に該当する場合		
非 適 格 合 併 等 対 価 額	21	1,350 円	移 転 を 受 け た 資 産 の 取 得 価 額	27	円
時 価 純 資 産 価 額	22	600	独立取引営業権以外の営業権で移転を受けた事業に係るものの資産評定による価額	28	
非適格合併等対価額が時価純資産価額を超えるときのその超える部分の金額 (21) − (22)	23	750	移 転 を 受 け た 負 債 の 額	29	
			退職給与負債調整勘定の金額の当初計上額 (9)	30	
			短期重要負債調整勘定の金額の当初計上額 (15)	31	
資 産 等 超 過 差 額	24	500	そ の 他 未 確 定 債 務 の 額	32	
資産調整勘定の金額の当初計上額 (23) − (24)	25	250	資産調整勘定の金額の当初計上額 (28) − (32) (((27)+(28))<((29)+(30)+(31)+(32))の場合は0)	33	
差額負債調整勘定の金額の当初計上額 (22) − (21)	26		差額負債調整勘定の金額の当初計上額 (32) − (28) (((27)+(28))<((29)+(30)+(31)+(32))の場合は0)	34	

29 被合併法人の最終事業年度の処理と申告・納付

1 制度のあらまし

合併法人は，被合併法人の事業年度開始の日から合併の日の前日までの期間を事業年度として，当該事業年度終了の日の翌日から2月以内に合併法人の納税地の所轄税務署長に対して被合併法人分の確定申告書を提出しなければなりません（通則法6，法法14の①二・74①，法基通1-1-5）。

なお，合併法人には，合併に伴う特例事業年度の規定はありませんので，通常の事業年度で確定申告書を提出することとなります。

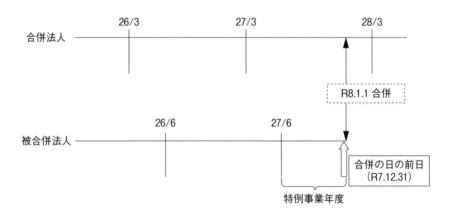

2 解説とチェックポイント

最終事業年度の所得計算においては，原則として，通常事業年度と同じ計算が行われますが，一部，取扱いが異なるものがあります。

2－1　一括償却資産，繰延消費税額等の取扱い

　非適格合併に係る被合併法人の最後事業年度（合併の日の前日の属する事業年度）終了の時において有する一括償却資産の金額は，当該被合併法人の最後事業年度の損金の額に算入することになります（法令133の2④）。一方，適格合併の場合は，被合併法人の一括償却資産は合併法人に引き継がれることとなります（法令133の2⑦）。

　繰延消費税額等についても，一括償却資産と同様の取扱いとなります（法令139の4⑨⑫）。

> **チェックポイント！**
>
> ■　非適格合併に係る被合併法人の最後事業年度終了の時において一括償却資産の金額がある場合，その全額が損金の額に算入されていることを確認しましたか。
> 　⇒　適格合併の場合には，合併直前の帳簿価額により合併法人に引き継がれます。

＜最終事業年度の申告書＞

2−2　役員退職給与の損金算入

　合併に際し退職した被合併法人の役員に支給する退職給与の額が合併承認株主総会等において確定されない場合において，被合併法人が退職給与として支給すべき金額を合理的に計算し，合併の日の前日の属する事業年度において未払金として損金経理したときは，被合併法人の損金として取り扱われます（法基通9-2-33）。また，被合併法人の役員であると同時に合併法人の役員を兼ねている者または被合併法人の役員から合併法人の役員となった者に対し，合併により支給する退職給与についても同様に取り扱われます（法基通9-2-34）。

> **チェックポイント！**
>
> ■　合併後においても，引き続き合併法人の役員となっている者については役員退職給与を支払うことができないと思っていませんか。
> ⇒　合併によって被合併法人が解散した場合には，被合併法人と役員との委任契約が解除されるため，合併後に合併法人の役員となっている者であっても退職給与を支払うことは認められます。

2−3　非適格合併における未払税金の取扱い

　被合併法人から合併法人に移転をする負債には，最終事業年度における未払法人税，未払地方法人税と未払住民税が含まれます（法令123②）。
　これに対し，未払事業税については，最終事業年度の負債として認識することができず，合併法人側で損金算入されることになります。

> **チェックポイント！**
>
> ■　非適格合併の場合の特例事業年度の確定申告において，未払法人税，未払地方法人税と未払住民税は適正に計上されていますか。
> ⇒　被合併法人の特例事業年度における移転純資産の譲渡損益の計算上，未払法人税，未払地方法人税と未払住民税は負債として認識されることになります。しかし，譲渡損益額は未払法人税等を考慮し

たところで計算されますから，両者の値は循環関係にあるということになります。そこで，実務上は，この循環計算を収束するための試行計算を行ったり，連立方程式を組んだりといった工夫がなされています。

■ 非適格合併において，未払事業税を被合併法人の最終事業年度における税務上の負債として認識していませんか。
  ⇒ 未払事業税は被合併法人の税務上の負債とはされません。その分，被合併法人の簿価純資産価額が大きくなるため，被合併法人においては，譲渡益が圧縮されるか，譲渡損が拡大するかの影響が出ます。つまり，事業税は，事業税として損金となるのではなく，譲渡損として損金となります。一方，合併法人では，未払事業税相当額が資産調整勘定の圧縮または負債調整勘定の拡大につながるため，被合併法人の損金が合併法人の益金として反映されます。
  被合併法人では，譲渡損として一時の損金となりますが，合併法人では資産・負債調整勘定に転嫁され，60月で益金に計上されます。

■ 被合併法人の最終事業年度における事業税を被合併法人の損金に計上していませんか。
  ⇒ 事業税は納税申告書を提出した事業年度で損金算入されるため，被合併法人の最終事業年度ではなく，合併法人の納税申告書提出日の属する事業年度で損金算入されます。

2—4　被合併法人の法人税等の納税地

　被合併法人の合併の日以後における法人税の納税地は，その合併に係る合併法人の納税地によることになります。ただし，法人住民税と事業税の申告書については被合併法人の所在地の都道府県および市町村に提出することになりますので，注意が必要です。

> **チェックポイント！**
>
> ■ 被合併法人の最終事業年度の申告書を，従前の提出先に提出していませんか。
>   ⇒ 法人税，地方法人税と消費税及び地方消費税の申告書は，被合併法人の納税地ではなく，合併法人の納税地に提出することになります。

2—5　組織再編成に係る主要な事項の明細書

被合併法人は，みなし事業年度の確定申告書に「組織再編成に係る主要な事項の明細書」を添付しなければなりません。

組織再編成に係る主要な事項の明細書		事業年度	令6・7・1 令6・12・31	法人名	合併法人〇〇 (被合併法人△△)	付表
提出対象法人の区分、組織再編成の態様及び組織再編成の日	1	区分：(被合併法人)・合併法人・分割承継法人・分割法人・現物出資法人（株式交付以外）・被現物出資法人（株式交付以外）・株式交付親会社・現物分配法人・被現物分配法人（適格現物分配）・株式交換完全親法人・株式交換完全子法人・株式移転完全親法人・株式移転完全子法人	態様：(合併)・分割型分割（単独新設分割型分割以外）・単独新設分割型分割・分社型分割・中間型分割・現物出資（株式交付以外）・株式交付・現物分配（株式分配以外）・株式分配・株式交換・株式移転		組織再編成の日：令7・1・1	
相手方の区分、名称及び所在地	2	区分：(合併法人)・被合併法人・分割承継法人・分割法人・被現物出資法人・現物出資法人（株式交付以外）・株式交付子会社・被現物分配法人・現物分配法人・株式交換完全子法人・株式交換完全親法人・株式移転完全子法人・株式移転完全親法人	名称		所在地	
移転した（又は交付した）資産又は負債の明細	3	資産・負債の種類	価額等	株式交付にあっては左の算定根拠		
移転を受けた資産又は負債の明細	4	資産・負債の種類	価額等			
適格判定に係る主要な事項						
適格区分	5	適格　（法第2条第　　号該当） その他				
株式保有関係	6	令第4条の3第　　項第　　号該当	株式の保有割合 直接保有 間接保有	組織再編成前 ％ ％	組織再編成後 ％ ％	
従業者の数	7	組織再編成前 人		組織再編成後 人		
組織再編成前の主要事業等	8			（　継続・関連　）		
関連事業	9					
事業規模	10	指標 売上金額・資本金の額又は出資金の額・従業者の数・その他（　　）	左の指標による規模の比較			
特定役員等の役職名及び氏名	11	組織再編成前の役職名	組織再編成後の役職名	氏　名		
支配株主の株式の保有状況	12	氏名又は名称	旧株数 株 株	新株継続保有見込の有無 有・無 有・無 有・無		
		（合計）	被合併法人等の発行済株式等の数	株		

29 被合併法人の最終事業年度の処理と申告・納付　177

> **チェックポイント！**
>
> ■ 「組織再編成に係る主要な事項の明細書」を確定申告書に添付していますか。
> ⇒ 合併法人の確定申告書だけでなく，被合併法人の最終事業年度の確定申告書にも添付しなければなりません。

3　記載例

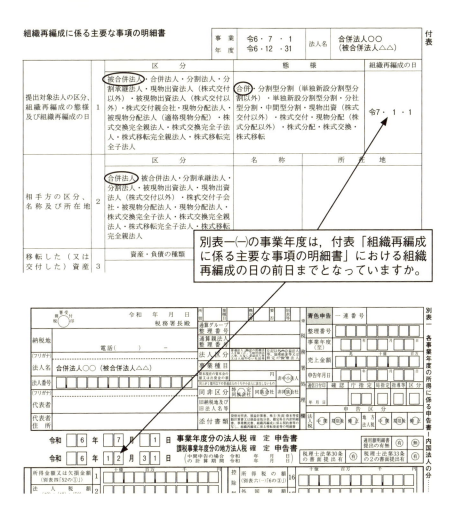

30 租税回避防止規定

1 制度のあらまし

　法人税法には，未処理欠損金の利用制限（法法57③④）など，個別的な租税回避防止規定が存在します。これらは，課税当局が租税回避行為の行われる局面をあらかじめ想定し，それに備えて規定が置かれたものです。

　しかし，それまでなかった組織再編税制という新しい制度を導入したことから，当初課税当局が想定した事態を超える租税回避行為が生じることも当然にあり得るものと考えられました。そこで，組織再編成を利用して，法人税の負担を不当に減少させる結果となるものに対し，その行為あるいは計算を否認し，課税当局が合理的と考える計算結果として更正あるいは決定できるとの規定を用意しました（法法132の2）。

　従前は，伝家の宝刀とも呼ばれ，発動しないものだと信じる専門家も少なくありませんでしたが，ヤフー事件以後，組織再編税制に関連する租税回避防止規定の発動事件は続いており，納税者側としては特に注意せざるを得ない状況にあります。

2 解説とチェックポイント

2−1 包括的租税回避防止規定としての法人税法132条の2

　法人税法には，法人税法132条の2が導入される以前から，法人税法132条が存在しました。よって，両規定の関係が問題になります。

30 租税回避防止規定   179

> **チェックポイント！**
>
> ■ 法人税法132条は同族会社等の行為または計算の否認規定であり，132条の2は，対象を同族会社等に限定していないことを理解していますか。
> ⇒ 132条の従来解釈の延長線上で，132条の2を理解することはできません。
> ■ 再編事件だから，法人税法132条の2だけが問題になると思っていませんか。
> ⇒ ユニバーサルミュージック事件（最判令和4年4月21日）では，「組織再編成に係る一連の取引の一環として行われた金銭の借入」につき，法人税法132条1項の適用が問題となり，最終的には納税者が勝訴しました。「上記一連の取引には，税負担の減少以外に，……とする目的等があり，当該取引は，これらの目的を同時に達成する取引として通常は想定されないものとはいい難い上，その資金面に関する取引の実態が存在しなかったことをうかがわせる事業も見当たらない。」との判断がなされている点は参考になります。

2－2 個別的租税回避防止規定と包括的租税回避防止規定

　租税法律主義の考え方からは，法人税法57条3項や4項のような個別的租税回避防止規定以外に包括的な租税回避防止規定を置くことは許されないとの主張もありますが，課税当局も神ならぬ身であり，やむを得ないことでしょう。ただし，この制度は，あくまでも課税当局が挙証責任を負うものとして設計されていることは言うまでもありません。

> **チェックポイント！**
>
> ■ 個別的租税回避防止規定をクリアしていれば，否認はないと誤解していませんか。
> ⇒ 条文つまり制度として包括的租税回避防止規定が存在する以上，要件に該当する事実があれば，効果として発動するのは当然です。
> ■ この規定が更正・決定のための規定であることを理解していますか。
> ⇒ 本規定を根拠に課税当局が修正申告を勧奨したとしても，それは

単なる交渉材料に過ぎません。

2-3 包括的租税回避防止規定のポイント その1〜適格・非適格

　包括的租税回避防止規定における法人税の不当減少とは何かというのが，解釈上の重要なポイントになります。つまり，一連の組織再編税制が守ろうとしている法益は何か，その制度趣旨は何かという話を念頭に置いた上で，その制度趣旨の範囲内に収まるものについては，いかに外形的には違和感があろうとも，本規定の発動はできないはずです。

　組織再編税制の制度趣旨は，移転の前後での経済的実態の変更有無により，資産移転の時価譲渡損益を認識するか，あるいは簿価移転として譲渡損益を繰り延べるのかであると考えられます。

　たとえば，適格要件と呼ばれる法人税法施行令4条の3などは，経済的実態の変化を把握するためのメルクマールの列挙であると考えるのが安全です。このメルクマールを形式的にスルーさせたあるいは意図的に該当させた場合に，経済的実態の変化を反映しない結果になる場合には，否認が生じ得るというのが，基本的な考え方になるはずです。

　とはいえ，本規定が発動される場合は，前提として外形の異常性があるのは通常間違いないところですから，条文を形式的に適用することで，本規定の発動を招く事態はあり得ることでしょう。

> **チェックポイント！**
>
> ■ 組織再編成前後における経済的実態の変化を検討していますか。
> 　⇒ 単なる形式的な要件の変化にとらわれず，目的・事業・組織・顧客などの移転前後の状況を把握して，経済的実態の変化があると見るべきか，ないと見るべきかを総合的に判断することが必要です。
> ■ 組織再編成による資産移転が，企業グループ内での資産移転に過ぎ

ず，内部取引と同視される場合かどうかを検討していますか。
⇒ 組織再編成により法的主体間における資産移転があっても，グループ内取引として移転資産に対する支配が継続している場合には，譲渡損益を認識すべきではありません。逆に，適格要件を満たしている場合でも，グループ内取引と同視できないのであれば，適格組織再編成を否認し，譲渡損益を認識すべきことになります。適格要件に該当するかどうかだけで思考停止してしまうと，とんでもない否認を招くことになります。

■ 組織再編成を事業上の合理的計画の中に位置づけることができていますか。
⇒ 事業目的があれば否認がないわけではありませんが，組織再編成を事業計画の中で合理的に位置づけることができれば，課税当局の否認チャレンジのリスクはぐっと低くなります。更正・決定による否認の挙証責任が課税当局にある以上，彼らも無謀な否認はできません。後付けでなく，組織再編成を計画する時点で，きちんと書証を残しておくということも，実務的には重要なポイントです。
　なお，従来は，組織再編成では，事業目的があれば租税回避に当たらないとする説が有力視されていましたが，その後の裁決・裁判例では，制度規定濫用による不当性が言い得るかに転換してきていると考えられています。つまり，課税当局は，結果の不当性を立証するために，濫用であるとの事実認定を積み重ねる必要があるとの認識が共有されつつあります。納税者側とすれば，行為の不自然性だけではなく，事業目的の合理性を十分に主張できるように，計画段階から積み上げていくことが必要でしょう。

■ メールや稟議などで租税回避行為の意図や行動が事実認定されることで，裁判での納税者負け筋に繋がりやすいことを理解していますか。
⇒ ヤフー事件やTPR事件では，メールでの租税回避意図が認定されており，事実上，メールが証拠となって納税者敗訴の方向性が決まったように見えます。また，組織再編税制ではありませんが，財産評価基本通達総則6項適用発動の可否が争われた事件を踏まえれば，提案してきた金融機関などスキーム立案者からの課税庁への資料提供が納税者を背中から切りつけています。税理士が立案に携わる場合は，自身の立ち位置を含めて十分に注意すべきです。

2−4　包括的租税回避防止規定のポイント　その2〜繰越欠損金の利用

　最判平成28年2月29日（平成27(行ヒ)75法人税更正処分取消請求事件）で納税者敗訴となったヤフー事件では，適格合併による繰越欠損金の引継ぎ可否が問題となりました。この事件では，みなし共同事業要件の形式的具備が果たして法人税法132条の2による否認を受けるのかが問われました。みなし共同事業要件の趣旨は，適格合併を前提に，グループ内組織再編成の場合に移転する事業について，グループ化以前からの実態がグループ化した時から組織再編成時やその後まで継続していることを要求するものです。あくまでも「共同で事業を営むための合併」（法法57③）と言える前提があるかです。

> チェックポイント！

- ■　法法132条の2にいう「法人税の負担を不当に減少させる結果となると認められるもの」とは，法人の行為又は計算が組織再編税制に係る各規定を租税回避の手段として濫用することにより法人税の負担を減少させるものであることをいうとされていますが，その濫用の有無の判断について理解していますか。
  - ⇒　ヤフー事件最高裁判決では，「その濫用の有無の判断に当たっては，〔1〕当該法人の行為又は計算が，通常は想定されない組織再編成の手順や方法に基づいたり，実態とは乖離した形式を作出したりするなど，不自然なものであるかどうか，〔2〕税負担の減少以外にそのような行為又は計算を行うことの合理的な理由となる事業目的その他の事由が存在するかどうか等の事情を考慮した上で，当該行為又は計算が，組織再編成を利用して税負担を減少させることを意図したものであって，組織再編税制に係る各規定の本来の趣旨及び目的から逸脱する態様でその適用を受けるもの又は免れるものと認められるか否かという観点から判断するのが相当」としています。
- ■　50％超支配関係が期首5年超である完全支配関係子会社を吸収合併する場合であっても，事業を別会社に移転して抜け殻にしたようなケースでは，青色欠損金の引継ぎを否認されることがあると理解して

いますか。
⇒　TPR事件（東京地判令和元年6月27日・東京高判令和元年12月11日）ではまさにこのような否認が行われました。地裁は「組織再編成税制は，完全支配関係がある法人間の合併についても，他の2類型の合併と同様，合併による事業の移転及び合併後の事業の継続を想定しているものと解される」として，条文の構造を無視しても趣旨による否認が可能と解し，高裁もこれを否定しませんでした。

■ 欠損金の承継先を付け替えすることが租税回避行為と見られていると思しき事案が複数発生している点を理解していますか。
⇒　TPR事件（東京高判令和1年12月11日）の後も，分割により事業を他社移管後に合併が行われた事件（令和4年8月19日裁決　大裁（法・諸）令4第5号），グループの事業集約で必要なくなった完全子会社の吸収合併が不当減少とされた事例（令和5年3月23日裁決　東裁（法）令4第101号）があります。ただし，令和6年9月27日東京地裁で納税者が勝訴したPGM事件（高裁控訴中）が判明しており，今後の動向に注意です。

　これらの事案に共通するのは，繰越欠損金の承継先の付け替え否認事案であり，それを法人税法132条の2によって課税当局が否認しているという点です。

　形式的には条文をクリアするようでも，繰越欠損金の承継先が，完全に納税者の随意になるというのは，課税関係の承継を認めるべき場合があるとの組織再編税制創設時の趣旨から言えば，確かに違和感があります。その意味で，これらの否認は仕方ない部分があります。ただ，本来は，立法により個別否認規定を置いてそれで否認すべきものであり，救済されるべき事案が否認されてしまう危険性を懸念します。

■ 濫用の有無を判断する枠組みについて理解していますか。
⇒　次の図が参考になると思われます。

	（考慮すべき事情）	（判断の視点）
濫用の有無の判断	①不自然性 ②合理的な理由となる事業目的　等	租税回避の意図をもって，趣旨・目的から逸脱する態様によるものか

（出典：名古屋国税局調査審理課令和4事務年度審理事務研修Ⅱ資料 No.3「組織再編成に係る行為計算の否認」）

参考文献

『企業組織再編成に係る税制についての講演録集』日本租税研究協会編(社団法人日本租税研究協会)

《著者紹介》

村木 慎吾（むらき しんご）
税理士
昭和55年大阪府八尾市生まれ
平成17年5月　税理士登録
税理士法人ゆびすい，税理士法人トーマツ（現・デロイト トーマツ税理士法人）を経て，平成21年9月村木税理士事務所開設

岡野 訓（おかの さとる）
税理士
昭和44年熊本県天草市生まれ
平成13年11月　税理士登録
隈部会計事務所を経て，平成14年6月岡野会計事務所開設，平成20年11月税理士法人熊和パートナーズ設立，平成27年10月税理士法人さくら優和パートナーズへと商号変更し，代表社員に就任

白井 一馬（しらい かずま）
税理士
昭和47年大阪府藤井寺市生まれ
平成15年6月　税理士登録
石川公認会計士事務所（現・税理士法人STM総研），税理士法人ゆびすいを経て，平成22年2月白井税理士事務所開設

内藤 忠大（ないとう ただひろ）
税理士
昭和45年静岡県湖西市生まれ
平成13年10月　税理士登録
大原簿記専門学校，神野博史会計事務所を経て，平成16年9月内藤忠大税理士事務所開設

濱田 康宏（はまだ やすひろ）
公認会計士・税理士
昭和41年広島県福山市生まれ
平成5年公認会計士登録，平成6年税理士登録
太田昭和監査法人（現・EY新日本有限責任監査法人）を経て，平成6年7月濱田康宏公認会計士事務所開設，平成19年1月濱田会計事務所所長

■申告書で確認する税務調査対策
再編税制のテッパン30

2014年9月25日　第1版第1刷発行
2024年12月10日　改訂改題第1刷発行
2025年5月30日　改訂改題第2刷発行

著者　村　木　慎　吾訓
　　　岡　野　一　馬
　　　白　井　忠　大
　　　内　藤　康　宏
　　　濱　田

発行者　山　本　継
発行所　㈱中央経済社
発売元　㈱中央経済グループ
　　　　パブリッシング

〒101-0051　東京都千代田区神田神保町1-35
電話　03 (3293) 3371 (編集代表)
　　　03 (3293) 3381 (営業代表)
https://www.chuokeizai.co.jp
印刷／昭和情報プロセス㈱
製本／㈲井上製本所

©2024
Printed in Japan

＊頁の「欠落」や「順序違い」などがありましたらお取り替えいたしますので発売元までご送付ください。(送料小社負担)

ISBN978-4-502-51841-6　C3034

JCOPY〈出版者著作権管理機構委託出版物〉本書を無断で複写複製（コピー）することは，著作権法上の例外を除き，禁じられています。本書をコピーされる場合は事前に出版者著作権管理機構（JCOPY）の許諾を受けてください。
JCOPY〈https://www.jcopy.or.jp　eメール：info@jcopy.or.jp〉